君が代を歌えなかった私が、政治を目指した理由《わけ》

小林ゆみ

WAC

はじめに――「君が代」を歌えない子供たちのために

「私は中学生になるまで、『君が代』に歌詞があるって知りませんでした」

そう言うと多くの方が驚かれます。国旗国歌法が成立したのは平成十一年（一九九九年）。私は小学校の高学年でしたが、法律施行後も、私が受けた北海道の義務教育では、「君が代」の歌詞はひた隠しにされ、歌詞がないものと信じ込まされてきました。国歌斉唱のときには、メロディが流れるだけ。でも、当時の私はそれが普通だと思っていました。

やがて東京の大学に進学し、周りの人と思い出話をしていたとき、小中学校時代の国歌斉唱の話になり、「君が代」に歌詞がなかったと言うと、みんな一斉に目が点になりました。そんな状況に違和感を覚え、インターネット上の情報に触れたり、いろいろな方のお話を伺ったりするうちに、自分が受けてきた公教育のさまざまな場面でいきすぎた左翼偏向教育が影を落としていることに気づきました。

今でも、私の出身地である北海道では、主に公立の小中学校で極端にリベラルな教育が続いており、北海道以外の地域でも同様の事例があると聞きます。

今、私は東京都杉並区で、区議会議員として議席を頂いています。このような自身の経験ゆえに教育の重要性を痛感し、最重要政策に教育の再生を掲げて活動しています。

ところが、活発な議論を期待して杉並区議会に飛び込んだものの、思いもよらぬ事態が起きました。当選して一年も経たないうちに、一地方議会議員でありながら、全国の方々の大きな批判にさらされることになったのです。

きっかけは、私の杉並区議会での発言がねじ曲げられ、「小林議員は『同性愛は趣味』と語った」と東京新聞に報じられたことでした。議会で発言したときは、議場にいた議員や傍聴者からヤジも抗議もありませんでした。実際には「同性愛は趣味」などとは言っていませんので、当然です。

しかし、この記事がヤフーニュースのトップで取り上げられたことから、ネットで大炎上。全国から連日、抗議の電話が殺到しました。

さまざまな問題について、賛成も反対も含め、活発に議論することが、民主主義の大前提のはずです。にもかかわらず、ある種のタブーに触れると、意見が封殺され、一方的に偏る社会風潮の恐ろしさを、この出来事から身をもって知り、今後の課題として取り組んでいく必要性を感じました。

また、悪意の有無にかかわらずフェイクニュースによって、議論が間違った方向に進んでいくことにも危惧の念を抱きます。正確な情報をもとに冷静な議論を展開することが必要であり、これには右も左も関係ありません。

日本では、他国と比較して政治に無関心な方が多く、ある種の思考停止に陥り、今そこにある問題に気づきにくくなっているように思います。まずはそれに気づき、政治に対する意識を高めていただくことによって、少しでも日本が良い方向に進むようにしなければなりません。そのために私の経験が少しでも皆さんのお役に立つことを願い、筆を執りました。

令和二年九月

小林ゆみ

君が代を歌えなかった私が、政治を目指した理由《わけ》

目次

第6章 知っておきたい地方議会の実態……153

第8章　日本的道徳心が試される

取材協力　加藤貴之
装幀　須川貴弘（WAC装幀室）

第1章

私の「反日教育」受難の記

教科書の「君が代」を「校歌」で隠す

私は北海道の美唄《びばい》市出身です。昭和のほぼ終わりに近い昭和六十三年(一九八八年)に生まれました。美唄市は、アイヌ語で「カラス貝の多い所」を表す「ピパオイ」という言葉からつけられた地名で、北海道の真ん中から少し左にあります。地図上では、「中道左派的」な位置ですが、少なくとも学校教育の現場は中道左派どころか、思想的には〝ド左〟の地域です。

美唄は美しい自然はあれど、今風のものは何もない雪国の町です。ユニクロやZARAなんてもちろんなくて、普通の商店で服を売っています。書店もほとんどありません。私が英検二級を受けようと思って書店に行くと、四級までの参考書しか置いておらず、思わずズッコケました。英検一級、二級を受ける人は、ほぼいない地域なのです。

今でこそ、インターネットが発達していろいろな情報に接することは可能ですが、昔は、そういうものは新聞とテレビくらいしかありませんでした。新聞は「北海道の朝日新聞」と言われる「道新（北海道新聞）」。北海道の新聞購入世帯の約四割というトップシェアを占めています。ですから、子供たちの情報源は、親を除けば、ほぼ学校のみ。先生が教えてくれることを、子供たちはみんな信じます。ところが先生は、その多くが北教組（北海道教職員組合。日教組に加盟）か日共（日本共産党）系で、左がかった人たちでした。

北海道は大学進学率が全国でも低いほう（例年、約四〇％。東京は約六五％）ですが、美唄もその例に漏れません。地域全体に進学熱のようなものはなく、小中学校の先生たちは、今はともかく当時は、大学進学や将来の職業まで見据えて教える気概はほとんどありませんでした。それどころか、まったくやる気のない先生もいました。その先生たちが、「反日左翼」教育にだけはひたすら熱心なのです。

私は幼稚園から大学までずっと、公立で教育を受けてきました。幼稚園だけは、特にこれといった問題はありませんでしたが、東京近郊には共産党系、社民党系の保育園があることを、議員になってから知りました。そこでは、左翼思想を反映したこんな保育をしています。お絵描きの時間には、平和の象徴として「鳩と９（憲法九条の九）」の絵を描かせたり、「子供の権利や自由を侵害してはいけない」との理由で、いじめや暴力があっても叱らず放置して園児たちが大騒ぎしたり、果ては保護者に「アベを倒すデモに参加しましょう！」というＬＩＮＥ（ライン）がくる始末です。

私の通った幼稚園では、さすがにそんなことはありませんでした。ところが卒業後に進んだ小学校では、今思うと、まったくおかしなことが行われていたのです。

まず、年度の初めに先生から校歌が掲載されている一枚の紙を渡されます。そして、配布されたばかりの音楽の教科書を開き、渡された紙をハサミで切って、指定されたページに貼り付けるように命じられるのです。そのページには「君が代」の歌詞と楽譜が掲載されていました。

小学生の私は、何の疑問も感じることなく、言われた通りに紙を貼りました。一年生から六年生まで毎年、学年の初めに音楽の教科書を開いて、「君が代」の上に「校歌」の紙を貼り付けるのが恒例行事でした（中学校でも卒業するまで続きます）。

小学校の入学式や卒業式のときには、国歌斉唱がありました。でも、私の通っていた小学校では、メロディが流れるだけです。歌う人は誰もいません。私は、メロディが流れるのが「国歌斉唱」だと思い、それが普通のことだと思っていましたし、歌詞があるなんて、まったく知りませんでした。

こういう教育を受けていたから、当時の美唄の子供たちのほとんどが国歌の歌詞を知りません。歌詞を知らないから、歌うこともできない。

式典のプログラムには、一応「国歌斉唱」と書いてあります。少し考えれば、「斉唱」というのは「みんなで一緒に歌うこと」だと気づいて疑問を持ったはずですが、私は流れるメロディをただ黙ってセイチョウ（静聴）するのが「国歌セイショウ（斉唱）」だと思い込んでいたのかもしれません（汗）。まるでコントです。

ちなみに、この本の編集担当者は高知県出身です。高知県も北海道と並んで日教組の強いところで、小学校、中学校、高校と、一度も「君が代」を斉唱することはなかったそうです。中学校、高校は私立学校だったのに、学内に日共系の先生がいて、入学式・卒業式ともに斉唱することはなかったとのこと。音楽の教科書には、君が代の歌詞楽譜はあったものの、そこには「日本の古歌」という見出しがあったといいます。あくまでも「君が代」を国歌と認めたくない執筆者たちのせめてもの「抵抗」だったのでしょう。そういうひねくれた音楽の検定教科書もあったのです。

ですから、この編集者は社会人になって、あるところで国歌斉唱となって、初めて君が代の歌詞をまったく知らないことに気づいたそうです。

さすがに、国歌国旗法が出来てから改善されてきたとはいえ、私や私の親の世代は、そういった反日洗脳教育を受け、国歌も満足に歌えない状況に追いやられていたのです。

「君が代」を歌った男の子に町中が大騒ぎ

中学に入っても事情は同じでした。しかし、小学校と違った事態が発生しました。学年の初めに教科書の『君が代』のページに「校歌」の紙を貼り付けるのは毎度同じでした。国歌斉唱の時も、小学校と同じで、メロディが流れるだけでした。

ところが、ある式典のときに、一人の男の子が国歌斉唱の際にスッと立ち上がりました。

式典には、保護者や地元の議員も来ていたと思います。誰一人立つ人はいませんでしたが、男の子一人だけが立ち上がりました。少しやんちゃな男の子だったので、「反抗したいのかな」と思って見ていました。

ところが、さらに、その子は演奏に合わせて歌い始めたのです。

「えっ、何を歌っているの？　この曲、歌詞があるの？」

私は、驚き、戸惑いました。

教員たちは眉をひそめて、その子のことを見ていました。

式典が昼過ぎくらいに終わると、みんなが「○○くん、歌ったね」「あれって、何なんだろうね」と、ひそひそと話をしました。歌詞があると思っていないので、みんな、何だかよくわかっていません。「反抗したいんじゃないの」とか「目立ちたいだけなのかな」という子もいて、結局そのままになってしまいました。

帰宅すると、母が「○○くんが、君が代、歌ったんだって？」と訊きました。当時はＬＩＮＥもないのに、保護者同士のネットワークはあり、式典に参加した保護者から伝わって、町中が大騒ぎになっていたのです。

私の母は、君が代の歌詞は当然知っていたようですが、母から教えてもらった記憶はありません。他の子の親も歌詞を知っていると思いますが、習った子はいなかったのでしょう。美唄で育った親たちは、子供のころから、国歌斉唱ではメロディが流れるだけなのが普通だと思って育ってきた人たちです。子供に君が代の歌詞を教えるという発想がなかったのだと思います。

翌日学校に行くと、教員たちがざわついており、「国歌斉唱事件」を話題にしていました。そして授業のときに教員から「ああいう規律を乱す行動は良くない」という話をされたことを覚えています。いわゆる「同調圧力」を教員が生徒に強要したのです。

このハプニングがあったのは私が十三歳、中学一年のときですから、平成十三年（二〇〇一）のことです。二十一世紀の日本で、中学生の男の子が起立して君が代を歌っただけで、町中が大騒ぎになってしまったのです。

この時点で、この奇妙な事態（日本人が国歌を知らない、歌えない、歌ったら奇人変人扱いされてしまう）に気づけばよかったのですが、美唄の教育現場しか知らず、おバカな私は、まだ気づいていませんでした。

翌平成十四年に日本でサッカーのワールドカップがあり、「君が代」がよく歌われるようになりました。それを聴いても、私は「これは何だろう?」「サッカーの歌なのかな?」と、トンチンカンなことを考えていたほどです（笑）。

選挙に燃える北教組

平成二十一年（二〇〇九）の衆議院総選挙のとき、民主党の小林千代美議員（北海道）の陣営への北海道教職員組合の違法献金事件で、札幌地検が北教組の幹部を逮捕起訴（のち有罪判決）した事件が起こりました。

当時、『週刊新潮』（二〇一〇年三月十一日号）は「北海道教組『裏金』事件でわかった『日教組』と政治のひどい癒着」という記事を掲載しました。その中に北教組（もちろん日教組の加盟団体です）がいかに莫大なお金を持っているかが書かれています。

ある記者や教員ＯＢのコメントとして「北教組の教師は毎月１万２０００円もの組合費を払い、うち２０００円が〝政治闘争資金〟としてプールされる仕組みです。また選挙が近づくと、〝特別政治闘争資金〟として、１０００円上乗せされます。北教組の加入率が34％として組合員は１万８０００人だから、年間４億３０００万円にも達する計算で、そうした慣行が20年も続けられてきたというのです」「校長や教頭まで含めると、実際の組織率は６割近いのではないか」と。そして選挙ともなれば、「北教組の組合員は選挙のたびに戸別訪問し、候補者のビラを配り、名簿を集め、それを見て後援会が電話をかける」「北教組が強い中学では、勤務時間に組合の朝会を行い、校長や教頭もいる場で組合の分会長が〝今日は２学年の先生が２人１組でこの地域を回ってください〟などと選挙の連絡をしていた」と。

救いは、日教組の組織率が昭和五十二年（一九七七）以来、四十三年間にわたって下降の一途をたどっていることです。文部科学省の調査によると、昨年（令和元年）十月一日現在、日教組の組織率、つまり日教組に加入する教員の割合は、前年比〇・九ポイント減の二一・七％と、過去最低記録を更新しました。調査が始まった日教組最盛期の昭和三十三年（一九五八）には、八六・三％もあったことを考えると目を覆うばかりの凋落ぶりです。

それでも私の生まれ故郷・北海道では平成三十年時点で約三三％と、まだまだしぶとく生き延びています。そのことと直接の関係はないかもしれませんが、文科省が実施した小中学生の「全国学力・学習状況調査」（令和元年度）を四十七都道府県別の順位で見ると、北海道は四十二位。北教組の先生方には、選挙だけでなく授業のほうも頑張っていただきたいものです。

夢はあきらめよう

ところで、美唄市は人口二万人くらいの小さな市ですが、私の小学校は一クラス四〇人ほどで、六クラスありました。かなり大きな小学校だったと思います。今は、過疎化で半分くらいの規模になっているようですが。

小学校のときは、「先生の言うことはなんでもちゃんと聞かなければいけない」と思って、まじめに授業を聞いていました。今振り返ると、覚えている授業の内容は左翼的なものばかりなので、おそらく左翼教育が行われていたのでしょう。

クラスには、担任と副担任がいました。学校の中には保守的な考え方の先生もいたのだろうと思いますが、私のクラスの担任、副担任の中で印象的だったのは、左翼的な考えの先生でした。

小学校五年生の総合学習の時間に、「将来の夢を一位から十位まで書いて下さい」と言われたことがあります。私たちは、自分のなりたいものを考えました。お花屋さん、ケーキ屋さん、電車の運転士、宇宙飛行士など……。私は、通訳、漫画家など十個近くを書きました。

先生が「みんな、書いたかな?」と聞いて、子供たちが「はーい」と答えると、先生はこんなふうに言いました。

「一位から五位までの夢は、絶対に叶いません」

「えぇっ！」。一斉に鉛筆を置く音が聞こえました。みんなショックを受けて鉛筆を持っていられなかったのだと思います。ある子が悲しそうな声で、「なんで？」と聞くと、先生はこう言いました。

「私も子供の頃に夢を書き出してみたけど、一位から五位までの職業には、就けなかったから。教員というのは七位くらいに書いたものだった。美唄のようなところで生まれたんだから、みんなも夢を見ないで、それなりに生きなさい」

絶望的な言葉でした。「夢を持ってはいけないのか。夢をあきらめなきゃいけないのか」と思って、悲しくなりました。

社会の時間の授業中に、こんなことを言った女の先生もいました。

「結婚は、妥協ですからね」

私は「妥協ってどういうことだろう？」と思いました。周りの子も「どういう意味なんだろう？」とよくわからない様子でした。先生はこんなふうに続けました。

「私の周りを見ても、みんな一番好きな人とは結婚できていない。だから、一番好きな人とは結婚できないと思いなさい」

少女マンガを読んで、王子さまとの結婚を夢見るような小学校五年生の女の子にとって、衝撃的な発言でした。

夢は叶わない――。

好きな人とは結婚できない――。

どん底に突き落とされたような気持ちでした。

先生が何を意図して言ったのかはよくわかりません。単なる自分の失恋体験からそう言っただけだったのかもしれません。マルクスだの左翼だのといったイデオロギー以前の、単なるその教師の独断と偏見でしかなかったのかもしれませんが、ちょうどその頃から、子供心にも将来に対してまったく希望を持てなくなりました。

美唄で生まれ育つと、夢を持つこともできない。好きな人と結婚することもできない。全部諦めなきゃいけない――。

人間としての意欲を高め、努力することが大切だという自主性を持たせる教育とは真逆です。夢や自主性を封じ込めるような教育です。

運動や音楽が突出してできる子がいても、「すごいね。夢に向かって頑張って」という先生はほぼおらず、「運動や音楽で将来やっていこうなんて絶対無理だから、ほどほどのところであきらめなさい」という感じでした。

今思えば、ピカイチの才能を持って夢を実現したり、努力して希望の職業に就いたり、好きな人と結婚して幸せになるといったことは、日教組の理想とする「平等・画一的」な生き方に反しているので、先生たちが折りに触れて否定していたのでしょう。

自衛官の子を人殺しの子と呼ぶ教師

北海道には自衛隊の駐屯地が多く、私の家の近くにも自衛隊の宿舎がありました。冬は雪が深いので、除雪関係の仕事を自衛隊の方々がやってくださっています。地元住民たちは、自衛隊に非常に感謝しています。さっぽろ雪まつりだって、陸上自衛隊の部隊がかなりの部分を手伝っています。

そんな土地柄であっても、学校の教育や町の雰囲気は左翼的でした。なんといっても、日教組や共産党は自衛隊が大嫌いです。お父さんが自衛隊だと、その子供に対して、学校の先生が嫌がらせをするなんていう、今でいう「パワーハラスメント」めいたことはよくあったようです。

故郷の北海道・美唄国設《びばいこくせつ》スキー場にて。美唄には陸自の駐屯地があり、自衛官の方も訓練中

北海道の例ではありませんが、産経新聞の大野敏明記者は、子供時代、東京都内の学校でこんな体験をしたといいます（平成八年〈一九九六〉二月二日付け産経夕刊掲載。一部略）。

……私の父は自衛官だった。小学生も安保反対デモのまねをしていた60年安保騒動の翌年、小学校の4年生だった私は社会科の授業中、担任の女性教師から「大野君のお父さんは自衛官です。自衛隊は人を殺すのが仕事です。しかも憲法違反の集団です。みんな、大きくなっても大野君のお父さんのようにならないようにしましょう。先生たちは自衛隊や安保をなくすために闘っているのです」と言われたことがある。

聞いていた私は脳天をハンマーで殴られたようなショックを受けた。その担任は日教組の組合員として積極的に組合活動をしていたらしいが、それまでは私に対して差別するような特別な態度はなく、他の生徒と同じように接してくれていると思っていたからである。

それ以来、同級生の態度が変わった。給食の時間は机を集めてテーブルクロスをかけ、みなで一緒に食べていたのが、私ひとりだけのけ者になった。教室の隅でひとりで食事した。朝、学校に行くと上履きがなくなっていた。運動場から帰って来ると、ランドセルの中身がほうり出されていたこともあった。下校途中、石を投げられてけがをしたこともある。

そのうち、学校に行くのがいやになり、半月ほど登校拒否をした。その時、私はまだ10歳になっていなかった。担任はあわてて自宅にやって来た。結局、親に説得されて学校に通い始めた。目に見えるいやがらせはなくなったが、同級生の視線は冷たく、以前のような仲の良い関係ではなくなっていた……。

同じようなことを、警察官として活躍していた佐々淳行さんの息子さんも体験していたと聞きます。

でも、さすがに北海道では、東京都内に比べて自衛隊の子供が多いので、日教組の先生も、教え子に対してこんなあからさまな差別発言を直接することはなかったと思います。そう信じたいですね。

タクシーの右折も許さない

令和元年（二〇一九）三月七日付け日本経済新聞の夕刊に、こんな記事が出ていました。教科書会社である山川出版社の営業マンだった野沢伸平さん（現・社長）が、こんな体験をしたのだそうです。

……全国４０００校を手分けしてすべて回ります。私も毎年、５５０校を訪問します。訪問回数は延べ２万５０００回になります。学校にはいろいろな業者さんがきます。上履きに体操服、カバンなど、なんとか新規採用してもらおうと必死で営業にきますが、門前払いも珍しくありません。教科書の営業は恵まれています。職員室に入れてくれないことはありませんから。

それでも昔は苦労もありました。私が20代のころ、先生方の多くが日本教職員組合（日教組）の所属でした。「自由主義と共産主義」という記述がけしからんと怒鳴られました。共産主義が自由の対極という位置づけはおかしいというのです。タクシーに同乗している時「右折はするな」と言われたこともあります。冗談かと思ったら「自分は左翼。左にしか行かない」と。

こんな非常識な教職員がいるから、音楽教科書の出版社も、「君が代」を「日本の国歌」と書かずに、「日本の古歌」と書いたりするのでしょうね。

「中国人と韓国人に謝りながら歩け！」

北海道に話を戻します。

私の受けた社会の授業では、南京大虐殺と呼ばれるものについて、時間をかけて教わりました。普通は中学校くらいから詳しく教えるのかもしれませんが、小学校五、六年生から習いました。もちろん、中学でも時間をかけて教えられ、日本人が南京の人を生き埋めにしたとか強制労働させたという話を延々と聞かされました。

当時の教科書を持っていないので載せられなくて残念ですが、これが南京虐殺だといわんばかりの見開き写真が掲載されており、未だに脳裏に焼きついています。それは、後になって虐殺とは無関係であることが証明された写真でした。

また、美唄市の中心道路である国道十二号線の下には、強制労働させられた中国人、韓国人の人柱が埋まっていると教えられました。先生からは「国道を通るときは、下に中国人、韓国人の人柱が眠っているから、感謝して通りなさい。そして謝りながら歩きなさい」と言われました。地元では、大人の人たちも信じているふしがあります。

私自身が大人になってから、この件についてかなり調べましたが、証拠は全く出てきません。この話は捏造《ねつぞう》か勘違いではないかと私は思っています。

ネットで「北海道」「人柱」で検索してみると、美唄以外にも、そういう噂のある地域があるようです。心霊スポットとしても有名な北海道石北本線の生田原《いくたはら》駅と金華《かねはな》駅の間にある常紋トンネルで人柱の噂があるという記述を見ました。でも、中国人や韓国人の話は出てきません。本州から集められた人たちが過酷な労働を強いられていたらしく、仮に人柱のようなことがあったとしても、日本人労働者が中心だったようです。

いずれにしても、信憑性は非常に疑わしいのに、美唄ではなぜか、中国人、韓国人を強制労働させて、彼らを生き埋めにして国道十二号線をつくったと語り継がれているのです。

ほかにも「日本人は、中国人、韓国人に本当にひどいことをした」というエピソードを聞かされる機会が何度もありました。

美唄は、かつては炭鉱の町でした。日本最大の炭田である石狩炭田の一部があり、昔は石炭が豊富に採れました。美唄の炭鉱で、中国人、韓国人が強制労働させられたという話も伝わっています。

しかし、この話も、調べても「強制」労働の証拠らしきものが出てこないので、非常に疑わしいと思います。

学校の授業では、いわゆる「従軍慰安婦」の話も習いましたが、南京の話や強制労働の話が圧倒的に多かったように記憶しています。炭鉱の町であったという美唄の土地柄のせいか、「強制労働」と結びつける話をよく聞きました。北海道は、地理的には韓国人慰安婦が連れて行かれたとされる東南アジアなどとは地理的にちょっと離れていますからね。

奈良で偏向教育を受けたという、私が親しくさせていただいているビジネスアナリストの深田萌絵さんは、高校時代に「私は、朝から晩まで十人近い兵隊さんの相手をさせられ、夜中には陰部が腫《は》れ上《あ》がり、他の慰安婦と濡れタオルで陰部を冷やし合って泣いて過ごしました」という元慰安婦の手記を読ませられたと伺ったことがあります。日本人を貶《おとし》めて喜ぶ教員が、日本全国あちこちに繁殖しているのです。

「アイヌ人迫害」は本当か

北海道では、そのほかに、「アイヌ迫害の歴史」が重点的に教えられます。先生たちは、「アイヌは先住民族で、私たちが侵略したのだ」と繰り返し言っていました。

この話も調べてみると、かなり拡大解釈されていることがわかりました。

アイヌ文化を守るための、いわゆる「アイヌ新法」が制定され（令和元年）、国連もアイヌ人が北海道の先住民族であることのお墨付きを与えています。ただし、歴史を調べてみると、アイヌ人がやってくる前に、すでに北海道に暮らしていた縄文人がいたらしいので、厳密には、先住民族とは言えないようです。

また、北方領土では、地元の人とアイヌの人が共存・協力して経済活動をしていたという話も残っていますが、民族的な迫害をしたという明確な事実は伝わっていません。「民族的迫害」というと、毛沢東以降の中共政権がチベット、南モンゴル、ウイグルなどで行っていることを連想します。かつての日本がアイヌの人たちにそんな酷いことをしていたとでも言いたいのでしょうか。

日本人の集団の中で少数のアイヌ人が仲間外れにされるようなことは、あったかもしれません。異質なものを排除しようとするのは、人間に限らず動物の社会では起こり得ることですし、日教組の先生が自衛官の子供にしたような差別的な発言もなかったとは言えないでしょう。そうしたことが誇張されて、「日本人によってアイヌ人が迫害された」という話になってしまったのではないかと私は推測しています。

美唄市にはアイヌ系の人はほとんどいませんでしたが、私の親友は、アイヌの血が入っていると聞いたことがあります。でも、学校でいじめられているということは、全くありませんでした。むしろ、その彫りの深い顔立ちを生かし、今はハーフ系美女のメイクを施して幸せそうに暮らしています。

ちなみに、そのアイヌ系の子のお兄ちゃんは私の兄と同級生で、どちらかと言えば、うちの気の弱い兄のほうがいじめられていたくらいです（笑）。そのため、「アイヌ人が倭人にいじめられてきた！」と言っている人を見ると、心の中で「逆だよ」と教えてあげています。

ともあれ、「アイヌ人は迫害されている」というのは、現実と違うのではないかと思います。いじめられているアイヌ人もいるかもしれませんので、「迫害は全くない」とは言えませんが、北海道全体で人種差別のようなことをしていたわけではありません。にもかかわらず、学校教育の中では、「私たちはアイヌ人を迫害している」という意識を植え付けられるのです。

『ピリカモシリ』というアイヌの人たちのための雑誌のようなものがあります。大人になってから左翼系の書店で買って読んだことがありますが、そこには少数民族同士で団結しようと書かれていました。中国人、韓国人とも連帯しようという内容で、北海道をその舞台にするというのです。

北海道以外の地域では、アイヌの人のことをあまり詳しく習わないかもしれませんが、北海道では身近な存在です。北海道の左翼の人たちは、「アイヌ迫害」ということをよく持ち出します。そのくせ、中共のウイグル弾圧などには関心を寄せることはあまりないようです。典型的なダブルスタンダードにほかならず、それは私が最も嫌う概念です。

共産主義と戦うのは私の宿命……？

私のきわめて個人的なお話をさせていただくと、私には、白系ロシア人の血が入っています。大人になるまで知りませんでしたが、東京外国語大学のロシア語学科に入った後に、ロシア系の血が入っていることを知って、不思議な縁を感じました。

母方の祖父の祖父が白系ロシア人だったようです。この事実は、母方の叔父が、先祖のことを調べて判明しました。

昔の家族写真を見ると、母方はみな背が高くて、はっきりした顔立ちをしています。一八〇センチくらいある人ばかりで、昔から家族で「不思議だね」と言っていました。そのことが気になった叔父が家系図を調べて、白系ロシア人の血を引いていることがわかったのです。

北海道に入ってきたロシア人は、ロシア革命による共産主義政権の樹立以降に逃れてきた人が多いのですが、私の先祖も共産主義を嫌い、北海道に逃れてきたようです。レーニン以降の共産主義独裁体制に耐えられなかったのでしょう。

祖父は、公立高校で数学の教員をしていましたが、当時は、周りは社会党系や共産党系の教員ばかりだったと聞いています。左派教員と対立して、校内で孤立していました。共産党の教員が教室にビラを貼りに来るのを「絶対にダメだ」「教育は中立であるべきだ」と正論を通そうとしていたものだから、教員社会の中で完全に浮いてしまったそうです。

共産主義を嫌った先祖。共産党と戦った祖父。その血筋を引いている私にとって、共産主義と戦うのは宿命なのかもしれません。

「日本の始まり」を教えない

中学を卒業し、高校は、美唄市の隣の岩見沢市にある岩見沢東高校に行きました。

美唄にも高校はありますが、いわゆる進学校ではなく、大学進学を目指す場合は、岩見沢東高校に行くのが普通でした。ここは偏差値六〇くらいで、東大に行く人もいますので、美唄の子で向学心がある生徒は岩見沢東高に行きます。

通学は、駅まで歩いて行って、電車に二十～三十分乗って、そこから自転車で学校に通いました。通学時間は片道一時間くらいですが、冬などは雪の中を歩き、自転車を走らせるのですから女子にはかなり大変でした。

岩見沢東高校は、地元では進学校ですが、美唄も岩見沢も貧しい町なので、先進的な教育を受けたい子は、札幌の私立高校まで行きました。美唄から札幌の高校に通う子は、経済的にも選ばれし子で、千人に一人いるかいないかです。普通の子は、地元かその近くの高校で教育を受けるしかありません。

高校の日本史の授業で使った東京書籍発行の教科書には「日本の始まり」が書いてありませんでした。

教科書を買ってページを開くと、一万年くらい前の石器時代、クロマニョン人などの話が出ていました。縄文・弥生時代の土器の話も出てくる。「おおー」と思って、歴史への興味がわいてきました。

しかし、次のページは、もう卑弥呼や聖徳太子の話です。「あれっ、日本はどうやって始まったんだろう?」という率直な疑問がわきました。日本の始まりをどこにも書いていないのです。

日本には八百万《やおよろず》の神様がいて、数多《あまた》の神社がありますが、神社につながる神道の話は出てきません。まず神道があって、後から仏教が入ってきたにもかかわらず、神道と仏教の違いなどの説明も一切なし。

また、日本には天皇陛下がおられますが、その初代である神武天皇の話も書かれていませんでした。初めて出てくる天皇の名前は女帝の推古天皇（第三十三代）、次が大化の改新の後即位した天智天皇（第三十八代）だったと記憶しています。

このように、「日本史」とはいうものの、日本の始まり、起源についてはまったく無視しているので、日本という国の歴史、国史そのものを知るには適当な教科書とは言えません。

授業内容も、日本の歴史を知り、日本という国をもっと好きになるためのものではなく、「試験に出すよ。覚えなさい」「年号を暗記をしなさい」という試験ありきの勉強に過ぎませんでした。

古文の授業では、二重敬語が出てきます。たとえば「のたまはす」という言葉。動作主が帝《みかど》の場合には、尊敬の動詞「のたまふ」に尊敬の助動詞「す」をつけて、最高敬語にします。教師は、その理由を説明するどころか、「なんで、天皇にだけ、こんなに敬意を払わないといけないんだろうね」とブツクサ言っていました。

英語の時間には、映画や歌などで英語を学ぶ授業がありましたが、「反戦」のような歌ばかり教え込まれた気がします。英文読解の文章も、フェミニズムについてや国連の素晴らしさなどを伝える、リベラルな政治的文章ばかりを読まされた記憶があります。昔の英文読解だと、スターリン独裁のソ連を風刺した、ジョージ・オーウェルの「Animal Farm（動物農場）」などが使われていたと聞きますが……。

「ソ連の蛮行」は黙殺

北海道ですから、当然、北方領土についてもいろいろと習いましたが、国際法的に見て不法占拠であることや、なぜロシアの不法占拠が続いているのかといったことは習いませんでした。

「ここが、北方領土です。ロシア人が住んでいます。四島の名前を覚えましょう」という感じで、フラットに教えられただけです。

昭和二十年八月十五日のポツダム宣言受諾以降も、千島列島や南樺太でソ連軍が侵入してきたとか、そういう具体的なソ連の蛮行は習った記憶がありません。先の従軍慰安婦や南京のような微に入り細に入りといったことはありません。樺太の「氷雪の門」の悲劇（ソ連軍が迫る中、最後まで電話交換業務を続けた真岡郵便電信局の電話交換手だった九人の女性たちが自決した事件）なども当然教わることありませんでした。

日教組の先生たちは「ソ連を愛する人々」でしたから、日ソ中立条約違反やシベリア抑留や氷雪の門事件などは、触れたくないタブーだったのでしょう。黙殺でした。

「みんな宇宙船地球号の船員だ」

「現代社会」の授業では、「私たちは宇宙船地球号に乗っているんです。国境は権力者が勝手に引いたもの。地球上には本当は国境なんてなくて、みんな宇宙船地球号に乗っている船員です」といったことを、繰り返し教えられました。テストの答えにそう書いた記憶があります。

国連の重要性も繰り返し説かれて、「国連が正義。間違ったことをすることはない」という考えを押しつけられました。一方で、朝鮮戦争の時に「国連軍」が組織され、北朝鮮の侵略と戦ったなんてことは習いません。

環境問題についても、再利用、リサイクルの話が社会、家庭科、国語、英語の授業ではよく出てきました。大企業型の経済拡大路線を批判する道具として使われていたのでしょう。地球温暖化に伴う海水温度上昇についても習いましたが、幼いながら、「気体の温度が上がったとしても、それに比例して水温が上がるなんてことが本当にあるんだろうか?」なんて疑問を感じましたが、授業中に手を挙げて発言できる雰囲気ではありませんでした。お風呂場の空気を温めたらお風呂が沸く、なんてことは有り得ないのですから、その場で質問すべきでしたね。

当時は判然としませんでしたが、今思うと、こういった教育は、全てが左翼思想につながっていたのではないでしょうか。社会科の時間だけでなく、古文、英語など、いろいろな科目を使って、多角的に攻め込んで、高校生を「反日」「反天皇」型の左翼思想に染めようとしていたのではないかという気がします。

でも、高校時代の私は、そうした教師の言うことに的確に疑問を持つことはありませんでした。日本のことが大好きな気持ちはあり、「なんか、おかしいな」というくらいの感覚はありましたが、先生の言うことを素直に聞いていました。「先生が間違ったことなど言うはずがない」と信じていましたから。

クラーク博士に叱られるぞ⁉

授業内容が反日左翼思想であるだけでなく、生きていく上での意欲を持たせないという面も、中高になっても小学校時代からまったく変わりませんでした。

小学校のときには「美唄のような田舎町では、夢なんか持っちゃいけない。好きな人とも結婚できない」と教え込まれましたが、高校の教員も似たようなものでした。「大きな夢は持つな。あきらめろ」という教育です。

例えば、高校生にとって、一番大事な大学受験を考える時にもこんなことがありました。

市立図書館で自習していたとき、書架の目立つところに置いてあった『大学図鑑』

という本を手に取り、国立大の中から（我が家は貧しかったので、国立大以外への進学を禁じられていました）「東京外国語大学」のページを見つけると、私の将来やりたいことを実現するための学びができることがわかり、「ここに入りたい！」と強く思って胸が躍りました。

高校一年の冬、当時の担任だった先生にキラキラした目で「東京外国語大学へ行きたいです」と言うと、「いやいや、無理だろう。うちの高校から東京外大へ行ったのは、今までに、北大教授の娘さん一人しかいない。君にはとても無理だろう。やめておきなさい」と開口一番に言われました。

当時、ショックを受けて、やさぐれて（笑）、「どうせ受からないいんだから、もう勉強なんかしなくてもいいや」という気持ちになりました。

「夢をあきらめなさい」という教育は、小学校から高校までずっと続いていたように思います。チャレンジ精神を涵養《かんよう》するといったことがありませんでした。

「少年よ、大志を抱け！（Boys, be ambitious.）」という言葉を発したクラーク博士が知ったら激怒したに違いありません。

札幌の予備校で教育の大切さを実感

高校のクラブ活動では美術部とダンス部に入りました。海外の音楽を聴いたりダンスをしたり、海外の美術の巨匠の作品にも関心を持ちました。日本も好きだけれども、海外の文化も素晴らしいと思うようになり、海外への憧れが強くなって、外国語大学を進学先として真面目に考えるようになりました。

中学の時から英語が得意科目でもあったので、高校に入った時点で外国語大学に行きたい気持ちはありました。教師にあんなことを言われて一瞬気持ちが萎えたものの、気を取り直して、かえって進学意欲が高まり、大阪外国語大学（平成十九年に統合されて、現在は大阪大学外国語学部）か東京外国語大学を目指そうと思いました。

しかし、高校の英語の授業では基礎をほとんど教えてもらえませんでした。文法をきちんと教えてもらうこともなく、ただ、ひたすら暗記、暗記です。まわりに塾が存在しない地域ですから、ひたすら高校の先生の言うような丸暗記型の勉強をしました。英語の勉強時間としてはかなりやったつもりですが、理解もせずにただ暗記しているだけですから、テストや模試などで一定の点が取れても、本質的な英語力がつくわけはありません。案の定、現役のときに、大阪外国語大学のスウェーデン語学科とヒンディー語学科を受けましたが、どちらも落ちました。

浪人することになったので、札幌に出て勉強に専念することにしました。札幌の駿台予備校に通い、寮で一人暮らしを始めたのです。

駿台では、入学後すぐに全科目において基礎学習を徹底的にやらされました。すると、五月の模試で全ての希望大学に関してA判定が出ました。「なんだ、基礎が足りなかっただけなのか」と思ったのと同時に、「高校までの勉強って、いったい何だったんだろう。私は何を教わってきたんだろう」とものすごく憤りの気持ちを感じました。高校時代から札幌で勉強していたら、ひょっとしたら現役で受かったかもしれないのに――。

高校時代も、かなり長時間の勉強をしましたが、勉強のベクトルが間違っていたので、希望大学に受からなかったのだと思います。

浪人時代は、一日十四時間勉強と決めて、メモ帳に長いバーを描いて、十三本の線を入れて区切り、一時間やるごとにマーカーで塗りつぶしました。二時間勉強したら、二マスを塗ります。

十分くらい眠ろうとすると、寝過ごして「しまった」と後悔することもよくありましたが、それからまた勉強を続けて、十四個分マーカーで塗りつぶしたら眠るという生活です。

そういう猛勉強の甲斐もあって成績が伸びていきました。予備校は、どの授業もわかりやすく素晴らしいと感じて、「教育の質って、大事なんだな」と実感しました。田舎の公立高校と予備校では、教えている内容がまったく違っていました。教え方も違いました。

公立学校を中心に巣くっている日教組の先生たちは、先述したように自衛隊を人殺しとか税金ドロボーと言ってよく批判していましたが、自分たちこそ「税金ドロボー」ではないかと胸に手を当てて反省すべきではないでしょうか。

不適切な学校教育は時間の無駄

私が通っていた高校では、数式でも化学式でもとにかく暗記させられましたが、「わかった」「理解できた」という感じではなく、基礎ができていませんでした。勉強を楽しいと感じることがなかったので、伸びるはずはありません。予備校に入ったら、勉強が楽しくなり、それにつれて成績も上がっていきました。

「ちゃんとした教育を受けていたら、時間を無駄にしなかったのに。後輩たちにこういうことを繰り返させちゃいけない」という気持ちが強く残っていたことが、後々、私が予備校講師をやることにつながったのかもしれません。

美唄や岩見沢には、基礎の大事さや勉強の楽しさなど、根本的なことを教えてくれる教員がほぼいませんでした。教員自身が勉強を好きでなかったのかもしれません。

北海道には、国公立の筆頭として、勉強好きな秀才が集まる北海道大学があります。それ以外の国立大学の一つに、北海道教育大学があり、札幌校、旭川校、函館校、釧路校、岩見沢校に分かれていて、北海道の教師の多くがこの大学の出身者です。ある程度の勉強ができれば入れるし、学費も安いので、勉強があまり好きでない人も入学します。だから、北海道の小中高校には、「勉強大好き」「勉強が楽しい」という教員が少ないのかもしれません。

高校の数学の時間で、二項定理を解いているときに「先生、これ将来社会に出たらどういうときに使うんですか」と聞いたら、「特にないけど」と言われて、やる気がそがれたことがありました。

「夢はあきらめなさい」と教えるような教員ばかりで、やる気や自主性を尊重する教員に私は出会ったことがあまりなく、まして、勉強の楽しさを教えてくれる教員は美唄や岩見沢にはほとんどいませんでした。ですから、札幌で予備校の先生に遭遇したら目から鱗、東京に出たらもっと目から鱗でした。「こんな世界があったのか」と驚きでした。

ともあれ、札幌の予備校で勉強が俄然面白くなり、勉強が好きになって、一年後には東京外国語大学のロシア語学科に合格しました。合格して真っ先に、高校の先生に報告に行きました。「東京外大なんて無理だろう」と言った先生です。そのときは、さすがに「おお、すごいな、小林」と言ってくれました。「先生にやる気をそがれたけど、札幌の予備校のおかげで受かりました」とは、さすがに言いませんでしたが（笑）。

でも、今になってみれば、「反面教師」として私の人生に少なからぬ役割を果たしたという点では、日教組の先生にも感謝すべきかもしれません。「人間万事塞翁《さいおう》が馬」ですからね！

第2章

札幌・東京・スウェーデン
――目覚めの時代

浪人時代に出会った本が私を変えた

話は少し前後しますが、予備校時代の札幌の寮にいたのは、ほぼ北大の学生と駿台の予備校生徒ばかりで、一日十四時間、ほとんど缶詰になって勉強していました。

高校時代と違って、通学時間もほぼゼロで、勉強漬けであまり外に出ませんでしたが、一番嬉しかったのは、札幌には大きな書店があったことです。そこには、たくさんの本があり、洋書も置いてありました。美唄から出てきた私は、「えーっ、こんなに本があるの、信じられない！」と感動しました。アメリカの『タイム』誌も置いてあり、嬉しくて読みあさりました。

予備校時代に私に影響を与えたのは、佐藤優さんの本です。『国家の罠　外務省のラスプーチンと呼ばれて』『自壊する帝国』（新潮社）を叔父が勧めてくれたので読んでみたところ、完全にハマってしまいました。

佐藤さんの政治的なスタンスはタカなのかハトなのかよくわからないことがあるのですが、「外交官として日本に利益をもたらした人だ」と私は捉えました。「こういうふうに自律した精神で働けば、国の役に立てるんだ」と思い、外国語を勉強するのが好きだったので、将来は佐藤さんのように外交官になるのもいいな、と思いました。その頃から、「外交官を目指すなら色々なことを学ばねば」と、今まで以上に社会的な問題に目が向き始めました。

佐藤さんの本で、まずロシアについて学んで、非常に興味を持ちました。私の体にも流れているロシアは、日本にとっては危険なところがある国ですが、興味を持つようになってからは、『タイム』誌などで、プーチン大統領の記事も読みあさりました。プーチン大統領は国を愛する人で、日本にとっては有難くなくても、常に国のために身を捧げるところは評価できる政治家だと思って、何度も特集を読みました。その結果、彼は努力を重ねて知性を磨き、非共産主義的なロシアをつくるべく、失いかけていた誇りを自国民に持たせることに成功した政治家であるとわかり、それらの点は日本の政治家も見習うべきだと感じました。

また、当時、米ブッシュ政権で国家安全保障問題担当大統領補佐官や国務長官を歴任したコンドリーザ・ライスさんが活躍していて、「かっこいい女性だな」と思っていました。彼女はモスクワ大学への留学経験があり、ロシア語にもロシア政治にも精通していると知って、ますますロシアに興味を持って、東京外国語大学のロシア語学科を受けようと決めました。

私にとって、黒人女性で初めて深く知ったのがライスさんでした。ライスさんのイメージが私にとっての黒人女性のイメージとなって、「黒人女性は頭がいいんだ」と感心し、尊敬するようになりました。

だから、「黒人が差別されている」と聞いてもピンときませんでした。ライスさんはきわめて特別な人だと後からわかりましたが、私にとっては今もなお、コンドリーザ・ライスさんが黒人女性のイメージの中心にいます。彼女自身も有色人種を厚遇するためのアファーマティヴ・アクション（affirmative action・弱者集団への優遇措置）をあまり評価していなかったようです。ああいう制度は、かえって人をスポイルしてしまうのではないでしょうか。

ともあれ、「黒人女性は、頭が良くて、ものすごいキャリアウーマン」という印象が今でも抜けません。ファースト・インプレッションがこれほど大きく影響するのだということを知って、私自身もそんな存在になれればいいなと、あこがれを持つようになりました。

私が言うのもおこがましいですが、私のことを知った外国人が、「日本人女性って、国や他者を想って行動できる、ガッツがある人たちなんだな」と思ってもらいたい、そういうロールモデルのような存在のバリキャリ（バリバリのキャリアウーマン）になろうと予備校生時代に決めました。

ライスさんこそ、本当の意味でのフェミニストだといえます。「黒人かつ女性だと二重に差別されてしまうから、白人男性の何倍も勉強しなければ」というモットーで勉強し、飛び級を重ねて十九歳で名門ノートルダム大学院を修了し、黒人女性初の国務長官になった。自分の不遇を社会や環境のせいにせずに、淡々と努力を重ねてキャリアアップして成果を残す。こんな政治家になりたいとも漠然とながら思ったのです。

一方、書店には、難民や児童労働の写真集のようなものもありました。目を引く表紙で、見つけた瞬間に買いました。世界中にこんなに貧しくてつらい子供たちがいるのかと思うと、自分の些細な悩みなどよりも、こういった問題を解決する方法を考えるべきだと感じました。その頃、私は札幌で受験生として毎日自分の限界に挑戦し、時には挫折も味わったうえ、過剰な期待から実家で受けていた厳しすぎる「しつけ」のダメージにも、家族と離れて暮らすことで初めて気付き、多少うつ状態になってしまって、「私の人生はなんてつらいんだ」と思ったこともありましたが、世界のさまざまなことを書物や雑誌などで知って気持ちが少し紛れました。

浪人時代の書店（本）との出会いが、私に大きな影響、夢を与えてくれました。

ネットの皆さん、ありがとう

小さい頃から「私立大学に行かせるお金は、うちにはないよ」と親から言われて過ごしたので、浪人のときには、背水の陣で東京外国語大学しか受けませんでした。合格できて本当に良かったと思っています。

大学に入ったのは十九歳のときですが、そのころはネット全盛期で、スマホが登場し始めたころでした。そしてスマホを買ってネットにアクセスして、「2ちゃんねる」に出会ってしまいました（笑）。

当時の2ちゃんねるは「超右翼」でした。私がこれまで習ってきたこととと違うことばかり書かれていました。

——えっ、何？

——どういうこと？

——南京大虐殺はなかったの？

——私が学んできたことは、間違ってるの？

——本当は違うの？

——日本人が、中国人や韓国人を虐《いじ》めたんじゃないの？

——どういうこと？

——日本人を不当に貶《おとし》めるために、嘘が流されているの？

——えっ、どうなっているの？


頭の中は「？」ばかり。ずっと読み続けていって、わけがわからなくなりました。気を取り直して、疑問に思ったことを自分でも調べるようになりました。調べていくうちに、ようやく気がつきました。

——私は、間違った教育をされてきたんだ。

そう思い始めると、全てがつながりました。小学校以来の教育は、どれもこれも左翼教育、反日教育の一環だったのです。

「君が代」の歌詞に紙を貼り付けた。

「君が代」で誰も起立しなかった。

「君が代」はメロディだけを流していた。

「夢なんて叶わない。諦めなさい」と教えられた。

「結婚なんて妥協だ」と教えられた。

「日本人は先住民のアイヌ人を迫害してきた」と教えられた。

「美唄の国道の下には中国人、韓国人の人柱が眠っている」と教えられた。

「美唄の炭鉱で、中国人、韓国人を強制労働させた」と教えられた。

美唄で私が教えられてきたこと、やらされてきたことの中で、私が違和感を持ったことは全て、左翼洗脳でした。小中学校の授業での南京大虐殺の学習に始まり、高校ではフェミニズムの英文を読まされ、皇室への敬意を持たせないような古典教育を受けました。社会の時間には、日本の起源について教わらず、宇宙船地球号、国連絶対主義などを植え付けられました。これらはみな、左翼思想につながっています。

十八年間受け続けてきた左翼洗脳から、大学生になってようやく解き放たれました。

「私を目覚めさせてくれたネットの皆さん、ありがとう」と言うしかありません。

フェミニストの大学ミスコン潰し

長い長い左翼洗脳から解けて、ようやく目覚めた私ですが、大学でも左派教員が中心でした。ロシア語学科だから特にそうだったのかもしれません。

東京外国語大学は、当時は二十六言語の学科があり、ロシア語学科は七十名ほどで二番目くらいに大きな学科でした。大学での男女比は七対三くらいで女子が圧倒的に多い状態です。どんな男子でも、だいたい彼女ができていました。東京理科大の逆バージョンと言われていました（笑）。

ロシア語をメインの専攻にして、アラビア語を副専攻語にしました。アラビア語を副専攻にしたのは、なるべく危険な地域の言語を勉強しておいたほうが、誰もその国や地域に行きたがらず人員不足になってしまった際にも、国の役に立てると思ったからです。当時は中東で紛争や暴動が多発しており、私自身も外交官になりたいという気持ちが強くあったので、アラビア語をとりました。

高校時代から一番関心があったのはスウェーデン語ですが、東京外大にはスウェーデン語の専攻はありませんでした。授業としてはとることができて、東洋大の先生が週に一回いらっしゃって、そこでスウェーデン語を習いました。

東京外大には、「外語祭」という学園祭がありました。高校生のときには漠然としたイメージで、「大学には、ミスコンがあるのかな」と思っていましたが、東京外大のミスコンは、左派のフェミニズムの人たちに潰されたようです。

毎年ミスコンの話が持ち上がると、どこからともなくフェミニスト団体がやって来て、「容姿で順位を決めるのは差別だ」ということで中止を求められ、教授たちや外語祭実行委員もそれに流されて開催を断念するのがいつものパターンだったようです。

私も一回声をかけられて、「ミスコンに出られるのかな」と内心喜んでいたら、中止になってしまいました。実は、高校時代にはミスコン候補として全校の女子生徒三百五十人中の三位か四位に選ばれたことがあります。でもこのミスコンは、「ミス面白い」というミスコンでした。「変顔」や「変なダンス」をステージ上で披露し、すっかり「お笑いキャラ」のイメージが定着してしまいました。大学では「おっ、今度こそ、本当のミスコンが来たぞ！」と思ったのに、残念（笑）。

外語祭では、「外大の星」という謎のイベントがありました。外大生の中で輝いている経歴を持った人を男女問わず発表するというイベントです。でも、これはあまり注目が集まらないパッとしないものでした。

外語祭は、二十六言語の劇が連日あり、二十六言語の国の料理店があって、それが一番の名物でした。あとは、軽音楽部が少し演奏するくらいで、有名人も来ないうえに、めぼしいイベントもありません。一部の人はそれはそれでいいのかもしれませんが、例えばミスコン出場を経て女子アナを目指していた人など、華やかな活躍の場を求めていた学生さんたちにとってはどことなく物足りない学園祭でした。

私は、大学の学園祭にも、左派のフェミニストたちが入り込んで暗躍しているのだということを知りました。

「マイノリティー」の友達が何人もできた

外国語大学は男子が少なかったのですが、ある日仲の良い男子が話しかけてきて、こう告白されました。「私ゲイなの」と。

私はあまり驚きませんでした。

浪人時代に同じ寮にいて仲良くなった大親友がボーイッシュな女の子で、ある日、「うち、レズなの」（正確にはトランスジェンダー）とカミングアウトしてきたことがあったからです。そのときはちょっと衝撃的でしたけど、「ああ、私のすぐ近くにもそういう子がいるんだな」と思っただけで、何よりもそんな言いづらいことを話してくれたこと、私を信頼してくれたことが嬉しくて、それからますます仲良くなりました。

だから、大学時代にゲイをカミングアウトされたときは、「あ、そうなの」と返しました。普通に話ができると思われたのか、別の人も「私もゲイなの。男が好きなのよね」と言ってきたので、「私も、男大好き（笑）」と言って、仲良くなりました。大学時代には、仲の良いゲイの友達が三人できました。

後に、発言を曲解されて「はじめに」で述べたように「同性愛差別主義者・小林ゆみ」と言われましたが、心外です。周りの子たちと一緒になって三人のゲイの子と仲良くしていたので、差別と言われてもピンときませんでした。彼らはもう完全に社会に溶け込んでいて、彼らなりの自由な幸せの形を作っていると感じていたからです。

三人のうちの一人は、「女性脳が発達していると、言語能力が高いんじゃないかな」

と言っていました。外大に合格する男性は言語が得意なので、女性的な脳が発達している人が多いのかもしれません。

ちなみに三人のゲイの子たちとトランスジェンダーの友達は、政治姿勢は全員「保守」です。左派政党の人たちが、性的マイノリティーの人たちはみんな自分たちの支援者であるかのように言うのには疑問と怒りを感じます。ＬＧＢＴ（レズビアン・ゲイ・バイセクシュアル・トランスジェンダー）の人たちは、みんながみんな左派支持ではありません。自分たちの側にいると思い込んでいる左派の人たちは本当に困ったものです。私の友達は、勝手に左派グループであるかのように言われることに怒っており、「自分は『ＬＧＢＴ』じゃない！」といつも言っています。

レーガン大統領を始め、アメリカの歴代共和党政権の成立と運営に深く関わってきた反共保守派の大物指導者マーヴィン・リーブマンという人がいますが、『大統領をつくった男はゲイだった』（現代書館）という本を書いて、自分自身がゲイであると告白しています。要はゲイにもレズビアンにも右派もいれば左派もいるというだけのことで、当り前のことです。ＬＧＢＴを政治利用する左派の人々は、当事者のことを何もわかっていないし、彼らの幸せを願っているわけではないのです。

『ムーミン』の母語の国へ

東京外大生には留学する人が多く、八割から九割の人が在学中に留学します。私も例に漏れず、スウェーデンに留学しました。

スウェーデンには高校時代から興味を持っていて、現役時代には大阪外大のスウェーデン語学科を受けました（落ちちゃいましたが）。

スウェーデン語に興味を持ったのは、『ムーミン』がきっかけです。高校時代に日本語と英語でムーミンの物語を読みました。両者はまったくニュアンスが違いました。日本でのムーミンはメルヘン物語になっていますが、英語のムーミンは、第一次世界大戦の世界情勢と政治を色濃く映した物語でした。

本当はものすごく深い大人向けのストーリーなのですが、日本語に訳された瞬間に、そのニュアンスがなくなって、メルヘン一辺倒になっています。私は、メルヘンのムーミンも好きですが、本物の物語の背景をもっと知りたいと思いました。

ムーミンは、フィンランドの作家トーベ・ヤンソンさんが書いた物語ですが、フィンランドには五％だけスウェーデン語を話す人がいて、ヤンソンさんはその一人でした。ムーミンの物語も、原作はスウェーデン語で書かれています。

ムーミンの本当の姿を知りたいと思って、スウェーデン語とスウェーデンに関心を持つようになったのです。

スウェーデンには一年近く留学しました。大学は留学の手続きなどに関しては特に手伝ってくれないので、ネットでスウェーデン語を使って自分で申し込み、スウェーデン人の家庭にホームステイさせてもらって、現地では教員免許を持っているホストマザーにスウェーデン語を習う手はずも整えました。スウェーデンの生活を体験しながら、スウェーデン語を学ぶことを目的としたのです。

留学には多額のお金が必要です。奨学金はもらわず、留学資金をつくるために、アパレル店と大学近くのダイニングバーで必死になって働きました。冬は航空券が安いと聞いたので、冬に飛行機に乗って現地に行きました。

私のホストマザーは、教員免許を持つ方でした。その娘さんの友達にストックホルム大学で日本語学科に通っているグスタフ君という男の子がいるというので、紹介してもらいました。グスタフ君は日本語がペラペラでしたから、スウェーデン語と日本語でいろいろなことを教えてもらいました。

福祉に手厚い国の実態

グスタフ君は、語学能力が高い、ド文系の子です。でも、小さいころから、理系ともいうべきプログラミング教育をやらされたそうです。

「プログラミングは苦手なんだよね」と言っていましたが、プログラミングの試験では非常に高い点数をとっていました。ド文系でも小さい頃から教育を受けていると、十分過ぎるほどにできるようになるのです。

プログラミング教育が進んでいることに関しては、学ぶべきところが多いと感じました。日本もやっと小学生から導入しようとしています。スウェーデンには、ソニーと提携したエリクソンや、音楽ストリーミングサービスのスポティファイなどのＩＴ企業があります。

スウェーデンを含め、北欧諸国は子供の時からのプログラミング教育に力を入れていて、全般的にプログラミング能力が高いようです。長期的で徹底したプログラミング教育によって、デジタル系のコンテンツやサービスを生む土壌ができています。文系でもプログラミングのカリキュラムを必須にしていますので、文系の人もＩＴ系の会社に入ることができます。グスタフ君もその一人でした。

彼は日本が大好きなので、後に中央大学に留学し、それからスウェーデンに戻り、大きなＩＴ企業に就職しました。

先進的なプログラミング教育をしていることについては学ぶべき点が多いのですが、実はスウェーデンは陰の部分も大きい国です。

日本では、「スウェーデンは福祉の国」、「スウェーデンはユートピア」「フリーセックスの国（？）」というイメージを持たれていますが、実際には社会民主主義政策をやり過ぎた末路を見ているかのような国でもありました。日本にとっては、教育など、学ぶべき点もありますが、「他山の石」とすべきところもあるように思えます。

移民に苦しむ社会

私の目から見て、スウェーデンは社会の規律や道徳が割合乱れている国という印象でした。性の乱れも大きく、同時に複数人と性行為をしたことのある人が多い国ランキングではスウェーデンが一位であると、ファッション雑誌の特集で読んだことがあります。二人に一人が、複数の人と同時に付き合ったことがあるというデータも出ていました。スウェーデンでは離婚率が高いと聞きましたが、性の乱れと一部関係があるのかもしれません。人工妊娠中絶率も高いようです。

私がホームステイした先のホストマザーも離婚していましたし、私が滞在している間にも、ホストマザーの「彼氏」が頻繁に家に出入りしていました。スウェーデンのみならず、北欧では「性教育」が、かなり早い時期から行われています。「日本も見習うべきだ」と日本のフェミニストが騒いでいますが、ちょっと待てよと言いたくもなります。

また、留学当時のスウェーデンでは、他国からの移民がどんどん流入してきていました。人口九百万人くらいのうち、当時は一割くらいが移民だと聞きました（今は二割弱のようです）。

いろいろな犯罪が起こるたびに、「犯人は移民じゃないか」とみんなが言い出して、調べてみたら「やっぱり移民だった」ということがよくあったようです。町でホームレスが人を殺したとか、ホームレス同士が路上で性行為をしているという話も聞きました。そういうことがあると必ず、「きっと移民だろう」と言う人がいて、いささか病んでいる国だなと思わずにはいられませんでした。明日の日本の姿ではないと誰が言えるでしょう。

スウェーデンへの移民は、中東から来た人々が多く、インド人、ネパール人や韓国人もいました。

インド人はカレー屋さんをやったりして働いている人がほとんどでした。日本に来るインド人やネパール人も、だいたい何らかの商売をしています。私の地元・杉並区でもインド人やネパール人をよく見かけますが、議員として「区内外国人の国別労働実態」の資料を区に請求して確認したところ、生活保護を受給しているインド人・ネパール人の方はほとんどおらず、みなさんきちんと真面目に働いているようです。スウェーデンに移民したインド人、ネパール人もだいたい仕事を持っていました。

それに対して、中東の人は働いていない人が多かった印象があります。スウェーデンの人たちも「中東の人は働かない」と嘆いていました。

スウェーデンで見かけるアジア系の人のほとんどは中国人観光客でしたが、あるとき街中でアジア系の子供を多く見かけたので、不思議に思ってグスタフ君に訊いてみると、「韓国人の子供たちだよ」と教えてくれました。韓国人はよく、スウェーデンに子供を養子に出すのだそうです。町でアジア系の子供を見かけたら、その多くはスウェーデン人の養子になった韓国人の子供です。

なぜ韓国人がスウェーデンに養子を出すのか、後から調べてみると、一九五〇年から始まった朝鮮戦争の際に米国の軍人との間に生まれた子供や戦災孤児が、アメリカ本国に引き取られたのが始まりだったようです。その後、戦争とは関係なく、韓国の貧困家庭の子供が米国、そして欧州に国際養子として送り出されるようになったとか。いくら貧しいとはいえ、可愛い子供を手放す親が韓国にはそんなに多いのか、とショックを受けたことを覚えています。

スウェーデンはユートピアではなかった

スウェーデンには日本人はほとんどいませんが、スウェーデン人には日本のことが好きな人が多く、日本のイメージはかなりいいと感じました。

寿司バーは、スウェーデンでもたくさん見かけます。それだけでなく、ストックホルムには、日本ショップがいくつもありました。売っているのは、『ポッキー』『プリッツ』『きのこの山』などのお菓子。日本の雑誌も売っていました。『KERA』というゴスロリ（ゴシック＆ロリータ）のファッション雑誌まで売られていて、スウェーデンの若者には、日本のパンク、ゴスロリが非常に人気があります。

アニメはテレビ東京などで放送されていた吉崎観音さん原作の『ケロロ軍曹』が流行っていました。街を歩いていたら、ケロロ軍曹のコスプレをした人を見かけて、「おーっ」と思いました。日本のアニメが「クール」と思われていて、まさにクールジャパンでした。単なる日本好きでなく、私よりもずっと詳しい、かなりマニアックな人もいました。

グスタフ君は日本のアニメが大好きで、日本のビジュアル系音楽も好きでした。「V系って知ってる？」と言われて、「もしかして、ビジュアル系のこと？」と言ったら、「そうそう」と言っていました。彼は「あんなに素晴らしい音楽は日本にしかないんだよ」とその良さを熱弁してくれました。日本のパンク、ロック、ゴシック、ロリータなどの音楽と文化がお気に入りでした。

「ストックホルムには娯楽がない。カラオケも居酒屋も吉野家もない。日本に行くのが夢。日本に行きたい」と日本語で何度も言っていました。

スウェーデンは、私が留学した時期から人口はさらに増えて一〇〇〇万人くらいになっています。グスタフ君に連絡したときに「人口増えてるね」と言うと、「ほとんど移民だよ」と言っていました。「最近のスウェーデン人は、だいたい一人くらいしか子供を産まないからね」と。

本来の「スウェーデン人」自体は人口減少傾向にあり、ほぼ移民だけが増えているのだそうです。グスタフ君は「五十年後にはスウェーデンは中東か中国人の国になっちゃうよ」と嘆いていましたが、それは多くのスウェーデン人に共通する心配事のようです。中東や中国などいろいろな国から人が押し寄せてきて、バイキングの血を引いているゲルマン人はいなくなってしまうのではないかと懸念されています。

移民に優しいリベラルな社会民主主義政策がとられていて、私が留学する少し前までは、外国人も移民も大学の授業料は無料のところが多かったので、「なんて寛大な国なんだ」と驚きましたが、同時に「財源が枯渇するのでは？」と他国ながら不安にもなりました。やはり移民が多いため、社会保障費が膨らみ、その分、公共投資の幅が狭くなっていました。

社会民主主義的な政策は、どこかで限界が来る――。その限界に近づきつつあるスウェーデンを当時直に見てきたことは、非常に勉強になりました。

スウェーデン語を活かせる場面が、今後の私の活動に来るかどうかはわかりませんが、スウェーデンでの社会民主主義的な生活体験は、日本のこれからの政策を考えるときに活きてくると思っています。

スウェーデンでは、政治的思想的に保守の人は声を上げにくい雰囲気があるようでした。「会社で育児休業をとる人がいると、みんなで拍手して祝わなければいけない。おかげで『忙しくなる』なんて言える雰囲気じゃない。嬉しい、おめでとうって言わなきゃいけない」というホンネをあるスウェーデン人から聞きました。

育児休業をとること自体はともかく、まわりの人が嬉しいとまで言わないといけないという「同調圧力」的な雰囲気が濃厚に生じている。「人に優しい政策」とか「人に優しい社風」と言われていますが、人々が望んで自然にそうなっているわけではなく、無理矢理やらされているようで、「こんなことを続けていて、大丈夫なのかしら?」と思わざるを得ませんでした。日本でもスウェーデンのような国を真似て、男性が「育休」を取るべし、その間の給与も働いている時とほぼ同じ額にしようといった動きがある昨今ですから、明日は我が身でしょう。

スウェーデンでは、多くの人にはバケーションが二カ月くらいあるのですが、その割には、みんな心から明るく元気そうな顔をしているわけではなく、どこか陰がありました。福祉が本来あるべき範囲以上に進みすぎると、インテリやお金持ちのみならず、実は一般の中産階級の人たちも病んでいくのかなと怖くなりました。

スウェーデン語を学びにきたはずが、スウェーデンの社会の病巣を見て問題意識が芽生えることになりました。性の乱れ、国際養子、働かない移民の問題など、深刻な社会問題をいくつも抱えていて、決して日本で言われているようなユートピアではないことがわかりました。住んだことのない左派の人たちは、表面的なところだけを見て、勝手にユートピアのように言っているのではないでしょうか。

そういえば、コロナ対策としてスウェーデンは集団免疫戦略という独特の対応を取りましたが、八月二十日時点での死亡者数は五八一〇人にのぼり、人口比を考えると世界最悪レベルと言われています。これでもスウェーデンは本当に「理想郷」と言えるのでしょうか。

民主党政権下で就活した世代には保守が多い

スウェーデンに留学したのは、平成二十二年（二〇一〇）から翌二十三年（二〇一一）にかけて、大学四年生から〝五年生〟のころです。外大生は、就職する前に一年ほど休学して留学することが多く、その例に漏れず、私もそうしたわけです。

単位は留学前にほぼとっていたので、留学から戻ってきてからは就職活動に専念しました。佐藤優さんの影響を受けて、公共性の高い外務省の語学専門職のような仕事に憧れていたのですが、そこに勤務している専門職の女性の先輩たちを訪ねると「忙しすぎて鬱になっちゃった」「生理がもう五カ月来ていない」といった怖い話ばかり聞いたため、「確か、三十歳くらいまでは外務省の試験にチャレンジできるんだったな。まずは普通に就職しよう」と考えて銀行を受けました。受かったのが某信託銀行の総合職です。

その銀行を含む五社を受けたのですが、友達からは「えっ、五社しか受けないの？

みんな百社も二百社も受けてるよ」と言われ、予定でびっしりの手帳を見せられました。当時は、民主党政権下で国内経済が悪化し、就職が非常に厳しい時代でした。百社受けても全部落とされることも珍しいことではなく、みんな非常に苦しんでいました。

民主党政権になる前に就職した先輩たちは、「外大生なら頑張ればどこでも受かるよ」と言っていたのが、すっかり様変わりしたわけです。政権交代が、どれほど社会に影響（天国から地獄へ）をもたらすかを実感しました。政治がしっかりしていないと、学生は「社会人」になることすらできなくなります。就職氷河期を体験した四十代前後の人たちのために、自民党の政府がいろいろと「（国際社会から見た場合）リベラルな社会民主主義政策」を推進しようとしているのは、皮肉です。

私たちの世代は、就職で苦しんだ人が多く、民主党への恨みから、保守に共感する側面もあるようです。「私は中道だから」と言っている同世代の人の話をよく聞いてみると、まったく違っていて、「めちゃめちゃ右じゃん（笑）」と言ってしまうこともしばしばです。相手は自覚していないので、「いや、全然そんなことないよ、普通だよ」と言うのですが……。

現在の日本の三十代は、保守という自覚はなく、中道だと思っている「隠れ保守」が多い世代ではないかと思います。いわゆる無党派層の若者の間でも、どちらかといえば、「保守派」のほうが「リベラル派」を上回っているというのが私の実感です。

自民党議員の事務所でインターン

就職活動中、大学のキャリアアドバイザーの方に「公共性の高い仕事をしたいと考えています」と言うと、「政治には興味ある?」と訊かれました。「はい、あります」と答えると、自民党の衛藤征士郎衆議院議員の第一秘書の方を紹介して下さいました。

第一秘書の方と親友だそうで、私の目の前で電話をして「政治に興味があるっていう学生さんがいるんだけど、インターン受け付けている?」と聞いてくれて、すぐに話が決まりました。笑顔で、「じゃあ、明日から国会へゴー!」と言われて、翌日から衛藤征士郎先生の事務所に行き、インターンをさせていただきました。朝食勉強会の受付をしたり、秘書業務を手伝ったりしました。

後でわかったのですが、衛藤征士郎先生は自民党の中でも保守系の政治家で、日本・

スウェーデン友好議連の会長も務めておられるので、何か見えないご縁があったのかもしれません。

これが、私にとっての政治との最初の接点でした。

インターンは二カ月くらいで終わりましたが、そのときに周りの人たちから「君も選挙を目指して今から準備して出馬すれば？」と言われました。「被選挙権の使える二十五歳までまだ少しあるし、第一お金もコネも無いので、絶対無理ですよ～」と流して、結局、銀行に入りました。

銀行で感じた、「正義」への疑問

平成二十五年（二〇一三）四月に某信託銀行に入りましたが、当時から銀行業界は先が見えていると言われていました。「信託銀行なんて、二十年後にはもうなくなっているんじゃないか」という声を銀行員の先輩たちからよく聞きました。

資産運用の需要はあまり多くなく、お金持ちの大口顧客に頼り切りという面がありました。資産家の自宅を個別訪問をして投資信託を売るのが、総合職で入った人間の最初の主な仕事です。販売先の多くは、お金を持っている高齢者です。

不正販売で大問題になった郵便局の簡易保険販売と通じるものがあるかもしれませんが、高齢者に投資信託を売る仕事には、大きなやりがいというものを感じられませんでした。

新入社員ですから、先輩と共に訪れてアシスタント的なことしかしませんが、認知症で理解力がいささか低下していると思われるご年配の方に、先輩社員がひたすらゴールドカードの入会を勧めているのを脇で見ては、「ゴールドカードに入ることは、ご年配の方の幸せにつながるだろうか。世の中の幸せにつながるだろうか。これは、正義なんだろうか」という疑問がわいてきました。

私は、幼稚園のときに『美少女戦士セーラームーン』を見て育った世代です。セーラームーンは、女の子が皆の幸せを守るために正義の戦士として立ち上がって、悪を倒す話です。それが刷り込まれている世代ですから、自分の仕事にあまり正義を感じられないことに悩みました。

投資信託にしても、運用によっては元金を大きく割り込むことのある金融商品なのに、銀行業界は「増えますよ」「儲かりますよ」と言って勧めるばかり。「本当に増えるのかな？　だったら私が買うんだけど……」と疑問を持って見ていました。この少し前に、私の母が投資信託を勧められて、かなりの損をしているのを知っていました。「投資信託で資産が増える」なんて言い切らないほうがいいのではないかと思わずにはいられませんでした。

そんな疑問が大きくなってきたときに、銀行の先輩から「外語大は下の下。うちの会社では一生出世できない。お前たちはソルジャーだ」と言われて愕然としました。銀行には「学閥」が存在し、やはり東大、慶應大のような法学部や経済学部の文系学生が出世するところなのです。

「外語大卒の私なんか、この会社にいても大事にしてもらえそうにないし、仕事にあまり正義も感じられない。転職した方が、自分にとっても会社にとっても良いのかもしれない」と思って、周りの人には申し訳ないと思いながらも、入社して一年足らずで会社を辞めました。

子供たちに勉強を教える喜び

銀行を辞めたあと、大学院に行って学問の世界に入り大学の教員を目指すか、外交官の試験を受けようかと思いましたが、生活のことも考えなければいけません。実家からの支援は期待できません。そこで、まずは塾の夏期講習のスタッフに応募して、すぐに採用してもらって、銀行を辞めた二日後から働き始めました。

小中学生も教える塾で、子供たちに英語や数学を教えました。銀行員時代と違って、ご年配の方を中心にひたすら営業することもなく、子供たちが無邪気に「先生、昨日のプリキュア（アニメ）見た？」などと訊いてじゃれついてくるので、かなり癒されました。

私は、高校時代までに勉強の面白さを教えてもらった記憶がなく、予備校生のときに初めて勉強の面白さを知りました。そこから勉強が楽しくて成績が伸びていったので、その恩返しと言っては何ですが、子供たちに勉強の面白さを伝えたいと強く思いました。

例えば、英単語を教えるときには、文化的背景と一緒に伝えました。

「英語で牛ってなんて言うと思う？　たくさんあるんだよ。カウとか、ブルとか、キャトルとか。英米人は、日本人と違って、昔からお肉を食べて、牛乳を飲んで、闘牛もやって暮らしているでしょ。生活のいろいろなところで牛と関わっているから、いっぱい言葉があるんだよ」

「日本人はお湯って言うけど、他の国にはお湯っていう単語はないんだよ。お湯のことは、ホットウォーター、熱い水って言うんだよ。日本人はお湯を沸かしてお風呂に入るでしょ。ところで、お風呂ってどこから来たと思う？」

「寒いところに住むイヌイット（エスキモー）の人たちは、たくさん雪の表現を持っているんだよ。ずっと雪の中で生活しているでしょ。だから、イヌイットの人は、雪の表現をたくさん持っているんだよ」

「筆者はここでダイヤモンドに例えているよね。ところで、知ってる？　ダイヤモンドって、炭素なんだよ」

ダイヤモンドが炭素のかたまりだということを教えたら、「えっ？」と驚いている子もいました。

日々の生活や文化と、ある教科と別の教科をリンクさせることで、学問全体にもっと興味を持って、楽しんでもらえたらいいなと思って教えました。

興味を持ってくれたのか、教え子たちは勉強が好きになっていったようで、基礎学力も身についていきました。後に勤めた予備校では、英語が全くできなかった子が英語好きになり、私が担当し始めて三年後には英検二級と国立大に合格していくのを手伝うことができて、なんてやりがいがあって楽しいんだろうと感じられました。

この、塾と予備校で教えた経験から、勉強を面白いと思わせてくれない、イデオロギー優先の暗記偏重の教育ではなくて、勉強が面白くなって、自主的に勉強する子を育てる教育が大切だと実感しました。このまま予備校講師を続けて、子供たちを支援していくのもいいなと思うようになっていきましたが、そんな生活が二年ほど続いていた時、思いがけない転機が訪れたのです。

第3章

ようし、政治家になろう！

区議会議員に立候補

予備校講師になって二年ほどしたころ、東京外大時代の友人たちと飲む会がありました。みんな自分のやりたい仕事に就いていたので、「私たち素敵女子ね」なんて言いながら、ワイワイ盛り上がって飲んでいました。その中の一人が、当時、前杉並区長の山田宏さんの事務所でお手伝いをしていました。

「あんた、ネトウヨだったよね（笑）」と聞くので、笑って「そうよ」と答えると「山田宏さんって知ってる?」と言って、政治の話を始めました。

山田宏さんは松下政経塾（二期生）出身の政治家です。都議を経て日本新党から出馬して衆議院議員となり、その後、平成十一年（一九九九）から二十二年（二〇一〇）まで杉並区長を務め、現在は自民党の参議院議員です。党内きっての保守派の議員として活躍中です。「小さな役所」を杉並で実現して実績を挙げた区長ということは、私も当時聞いたことがありました。

当時の山田さんは、国政復帰を目指して浪人中でしたが、杉並区長の後を継いだ田

平成27年、杉並区議に立候補して最年少で当選。右はそのときの選挙広報

中良氏が推進する社会民主主義的な施策に憤懣《ふんまん》やるかたない思いだったのです。

「それをなんとかして保守に戻したいから、あんた、杉並区議選に出ない？」と言われて、「えっ、私？　私でいいなら、いいよ」ととっさに答えました。親友の、そして尊敬する山田前区長の頼みなら喜んで！　と。

もともと、前述したように政治に興味があり、衛藤征士郎先生の事務所で政治の仕事がどんなものかを少し学びました。予備校や大学で教鞭《きょうべん》を執って「日本の教育をもっといいものにしたい」と考えていましたが、政治家になったほうが、教育の質を直接的に良くできるかもしれないと考えるようになっていたのです。ベクトルの方向は同じなので、自分の目標を変えずにできるかもしれないと思い、ようし、議員に立候補しようと決意したのです（お酒の席で、気宇壮大になって……といえば聞こえはいいですが、少々気が大きくなっていたのかもしれません）。

「選挙に出ない？」と言われたのは、平成二十六年（二〇一四）の夏、二十五歳の時でした。参議院議員と都道府県知事の被選挙権は三十歳からですが、それ以外の選挙には二十五歳から出馬できます。その年の十月に二十六歳になり、翌二十七年の春に統一地方選が予定されていました。

区議は兼職ができますので、予備校講師のまま立候補しました。政治も大事だけれども、現場で子供たちに教えることや、教育内容のチェックも大事だと思って、予備校講師をしながら選挙運動をしたのです。地盤、看板、鞄の全てが無かった私は、とにかく朝・夕駅に立ち、慣れないマイクを握りました。スタッフを雇うお金も無かったので、ネットでボランティアを募ってみんなでビラ配りもしました。ボランティアの方の一人が、にこやかなぽっちゃりした男性だったのですが、ポスティングをし過ぎてダイエットに成功し、イケメンに変身していました（笑）。彼から、「ライ〇ップならぬ、コバザップは結果にコミットするね」と言われたものです。そんな周りの方の協力もあって、杉並区議には七十人ほどが立候補しましたが、最年少ながらその中の八位（四二七九票獲得）で当選しました。

選挙の開票日は、前日までほとんど寝ていなかったので、ぐっすりと眠ってしまって、アラームと「おめでとう！」のメールで起き、当選を知りました。その日も授業があったので、シャワーを浴びて予備校に行くと、受付にいた十人くらいのスタッフが「おめでとうございます。速報、見てましたよ」とスタンディング・オベーションで迎えてくれました。

別の職場で働くことが決まった人間に対して、こんなに喜んで祝ってくれるなんて、「なんていい予備校なんだろう」と感動し、恩を感じました。

議員になってすぐに辞めるのは申し訳ないですし、兼職が可能なので、できる限り続けようと思いました。

選挙運動中に卵をぶつけられた

山田宏前区長は、当時は「次世代の党」の初代幹事長でしたが、杉並区には次世代の党「公認」の候補者が他にいらっしゃったので、私は次世代の党「推薦」ということになり、保守系の無所属候補として出馬しました。

初めての選挙のときには、かなりひどい妨害を受けました。

山田宏さんと二連の旗をつくって選挙運動をしたので「山田系なのね」と言われるのは構いませんが、「山田の愛人なのね」と揶揄《やゆ》されたのには閉口しました。「いや、山田さんは私みたいな小娘タイプはちょっと関心外みたいですよ、ふふふ（笑）」と言ってかわしました。

私は新人でしたので、全く知名度はありませんでしたが、山田さんとのツーショットを見て、「こいつは右翼系だな」と思われたようです。杉並区には左派リベラル系の人が多いからか、しょっちゅう暴言を浴びせられました。

選挙運動中のある日、「レイシスト！」と叫びながら鬼の形相で近づいてきた六十代くらいの女性に、卵を投げつけられたことがあります。

よけなきゃ、と思ったものの、まだひ弱な少女（？）だった私は避けることができずに、顔にクリティカルヒット。マイクを持ちながら「潤いをありがとうございます。お肌の曲がり角二十六歳、小林ゆみでございます」と言うと、いろんな意味で周囲がざわつきました（笑）。その時は、とにかく怖くて、抵抗するという考えが浮かびませんでした。

今同じことをされたら、追いかけていくでしょう。三十一歳、もう少女じゃありませんからね。「私に卵を投げつけた方、お待ち下さいませ」と言って、何を考えて、どうしてこういうことをしたのか聞きますよ、きっと。

サイレント・マジョリティーに支えられて

二期目の平成三十一年（二〇一九）四月の選挙でも、かなり妨害をされました。卵はぶつけられませんでしたが、「差別主義者」「安倍の傀儡《かいらい》」とよく言われました。

私も、四年経過してだいぶ図太くなり、「安倍の傀儡って、安倍総理のことですか。ではあなたはどういうお考えなんですか？」などと冷静に問うことができるようになっていました。すると、相手はだいたい逃げていきます。「お待ち下さいませ。ぜひお話ししましょうよ」と言って追いかけても、どんどん遠く逃げていくだけです。

暴言めいた批判にくじけそうになるときもありますが、そういう時はいつも「私の目標は何だったのか」と思い出すようにしています。「自分のような平凡な人間でも、何か日本のために役立てるかもしれない。日本の国益のために何かをしたい。教育をもっと良いものにしていきたい。ここで負けたら、何の役にも立てない」と思い直しています。

昨今、ポリティカル・コレクトネス（political correctness 略称：ＰＣ、ポリコレ。差別・偏見に対して政治的・社会的に公正・中立な言葉や表現を使用すること）の押しつけのような風潮があり、正論を言いたくても言えず、思ったことを素直に言うのは勇気がいる世の中です。私は、たとえ一部から批判されることがあっても、誰かのためになるなら率直な意見を言える人間であり続けたいと思っています。

アンチや一部の人に叩かれることは覚悟の上、「立場上言えない人の代わりに、政党無所属で、田舎の平凡な娘だった、失うものが何もない私が言おう。私がアンチの銃弾を受ければいい。『言いたかったことをよく言ってくれた』と喜んでもらえるようにしよう」と考えて、選挙運動を戦いました。

この二度目の選挙では、杉並区議の当選者四十八名のうち二位（五二八〇票獲得）で当選。前回の得票数（四二七九票）より約千票増やしました。アンチ小林も多いけれども、隠れ支持者も多かったのです。そういう方々に支えられて連続当選できたことは、本当にありがたいことでした。現在は、区議会内会派「自民・無所属・維新クラブ」

の一員として議員活動を展開しています。

当選後、駅前に立って、「おはようございます」と挨拶しながらチラシを配っていると、チラッとこちらを見て小さな声で「おめでとう。入れたよ」と言ってくれる人がたくさんいました。こちらも小声で「ありがとうございます」とお礼を言います。

杉並区は左派が多く、左派の声が強いので、保守の人は小声になります。選挙中も駅前では、左派の人たちが大きな声で、「安倍を倒そう！」「九条守れ！」と派手に叫んでいました。隠れ保守の人たちは、大きな声を上げられないので、静かにしていますが、「女房と二人で入れたよ」と声をかけてくれた人もいました。実は数として多い、サイレント・マジョリティーが票を入れてくれたからこそ、二位で当選できたのだと思います。ポリティカル・コレクトネスに押されて、みな思っていることが言いにくいので、代わりに声をあげてくれる人が求められているのかもしれません。

ところが、左派からの攻撃に慣れてきたと思ったら、最近は右派の人から叩かれるようになりました。例えば「もっと知識を増やしたほうがいい」というのは、その通りですから、私自身が反省すればいいのですが、ネット上では「いつもヘラヘラしている」「政治家は笑うな」と言われます。十代の頃から接客業のバイトをしており、「いつも笑顔」ルールが染みついてしまっているのです。

「目立ちたがり」ともよく言われますが、目立ちたいなら、地方議会議員ではなく、違う職業に就いていると思いますし、稼ぎたいなら別の職業に就いたほうが稼げるはずです（地方議員は、いろいろな人との付き合いで毎月かなりの出費があります）。

いずれにしろ、北海道の美唄という地方都市で、右も左もわからず、何も知らずに左翼洗脳教育を受けてきた自分を振り返って、「日本の教育の現状を変えなければいけない。

そうでないとこの先、日本が良くない方向に行ってしまう」という危惧の念が一番の出馬動機だったのですから。初志貫徹、保守貫徹あるのみです。

私の選挙スローガン

ビジョンや公約はホームページや選挙ドットコムに載せています。「新自由主義」というスタンスで、社会民主主義的な大きな地方政府との戦いをテーマにしています。スローガンは、「正直者が馬鹿を見る、そんな社会は許しません！」としました。以下のような内容です。

〈無駄遣いは許しません！〉

一生で一番大きな買い物（支出）は何でしょうか。マイホーム？　マイカー……？

実は、多くの方にとっては、「税金」です。

お金にシビアな元銀行員の目線で、皆様の税金が無駄なく遣われているか、しっかりチェックします。必要な支出はしっかりと確保。少しでも無駄なものにはNO！　しがらみの無い小林ゆみだからこそ、はっきりと意見を言えます。

〈質の高い公教育を！〉

杉並区は区独自で、生活保護受給世帯に塾代を助成しています。

しかし、区の公教育が自ら不十分であると認めるような施策には疑問を感じます。本来目指すべきは、塾に通わなくても自分の行きたい学校に行くことができたり、夢を叶えられるような環境作りです。

公教育の質を上げ、豊かな学びができる杉並区を目指します。

〈就労支援を！〉

障害者、高齢者、妊娠中・子育て中の方、社会に出るのに勇気がいる方…。様々な理由から、「働きづらい」と感じている方をサポートします。自宅やカフェにいながらにして働く「テレワーク」の推進や、AI（人工知能）やRPA（ソフトウェアロボットによる業務自動化の導入）などにより新たな雇用・就労の形を拡げていきます。

〈杉並がもつ魅力を高め、区内外に発信！〉

緑豊かな、穏やかな雰囲気が魅力の杉並区。区内の方も、区外の方も、もっともっと杉並の魅力を知り、愛してほしいと考えます。そのためのまちづくりや、道路の整備、また商店街や小さな路面店の支援、情報発信などを継続して行っていきます。

〈地域の声にしっかり耳を傾け、議会に届けます！〉

身の周りの困りごと、要望など、小林ゆみにお聞かせください。
検討した上で、実現・改善の可能性があるものは必ず区政に届けます。
より良い杉並区を、皆様と共に創っていきます。

議員になってから、区議会本会議での一般質問（区政一般に対する質問）の回数は新人議員の中で一番多く、区民のためになる施策をできる限り提案しました。予算特別委員会や、決算特別委員会、所属する常任委員会と特別委員会でも先輩議員たちに負けないよう、活発に議論に参加しました。

普通の三十代女性の目線と元銀行員のお金にシビアな視点で、田中良《りょう》区政の財政、教育、街づくり等の様々な施策を厳しくチェックもしました。

最初の任期四年間で予算案には賛成一回、反対三回、決算案には賛成二回、反対二回と是々非々で判断してきました。

山田宏前杉並区長が、任期中、九百四十二億円あった区の累積赤字を十一年で五分の一にまで減らしたことはよく知られています。しかし、現田中区政下では、その借金が約四百億円にまで再び膨れ上がっています。一方で基金（貯金）の状況も悪化し、区民一人当たりに換算すると、二十三区中下から三番目に少ない基金残高となっており、貯金と借金のバランスが崩れてしまっています。

私は、杉並区の皆様から杉並区にお支払いいただいた税金を、一円たりとも無駄にしたくありません。もちろん、私も杉並区に毎月税金を納めていますから、自分の払った税金がおかしな使い方をされるのは納得がいきません。できるだけお金をかけずに区を良くしていきたいと考えて、知恵を絞り、工夫を凝らして区政を変えていこうとしているのです。

元銀行員の厳しい目線で、最大のサービスを最小の税金で提供できるよう、現実的な提案を今後も区に行っていく……それが私の公約です。

福祉の肥大化にストップ！

私の政策には、スウェーデンで見てきた社会の実情がかなりの影響を及ぼしています。スウェーデンは、「高福祉高負担」という福祉政策が行き過ぎてしまって、社会全体が病んでいるようでした。

日本を、スウェーデンのような行き過ぎた社会保障の国にしてはいけないと考えています。プラグマティズムになれと言っているのではなく、大きな政府になり過ぎないように、行政が扱う分野を絞り込んでいくのです。

行政では、新年度が来るたびに「○○部」「○○課」が新設されることも多く、いったん仕事を始めると、それをやめられない性質があります。扱う分野が増えると行政は限りなく肥大化していく恐れがあります。

例えば、人権問題。行政が関わらなくても人権を守ることはできますが、行政の領域にしてしまうと、各役所の中に「人権擁護課」のような課ができます。いったんできた課は、簡単には廃止することができません。行政が領域を広げていくと、「男女平等社会推進課」「ＬＧＢＴ課」など、課が増え続けていきます。それに伴って、人員も予算規模も増えていきます。

杉並区の年間の一般会計予算は毎年数十億円ずつ膨れあがっていき、今はもう二千億円の大台に近づいています。いくら区内人口が微増しているとはいえ、毎年これほど予算が増え続けていくのは、明らかにおかしい。このまま続いていくと、必要以上に大きな政府になって、あらゆることに税金が使われ、行政が介入します。将来的に住民が納める税金（住民税）はもっともっと高くなり、経済の自由度が減っていきます。これ以上、不必要な業務を増やし、大きな政府化していくことを食い止めなければなりません。私の公約の多くは、小さな政府をつくるための政策プランです。

ヘイト禁止条例の真の狙い

杉並区議会では、左派の議員が「子供たちの権利」を執拗に掲げて、「給食費を無料にせよ」と主張しています。「給食もハラール（イスラム教の戒律によって食べることが許された食べ物）に配慮せよ」という主張をしている人もいます。そういった配慮をし始めたら切りがありません。

川崎市ではヘイトスピーチ禁止条例ができましたが、問題はそこから先です。彼らはヘイト禁止条例をテコにして、外国人参政権を導入し、さらには公務員の管理職に外国人を据えようとしている意図を感じざるを得ません。公務員の一定のレベル以上は国籍が日本でないといけないことになっていますが、それを廃止させようというのです。

渋谷区のパートナーシップ条例も、ゲートウェイ、つまり入り口であって、要はそこを突破口にしてさらなる最終目標に向けて政治的底意を達成しようとしているのです。パートナーとして結婚に相当する関係と認めることを入り口にして、LGBTのカップルに婚姻届を出させることを目指しています。

最終的なゴールは外国人参政権の実現です。それを実現するために、子供の権利やヘイト禁止など、一見マイルドに見えて、人々が反対しにくいものを突破口として持ち出します。

彼らが狙っているもの、底意はどこにあるのかをよく見極めて、そこにつながる突破口となる条例は可決させるべきではないと思います。

そもそも左派のやっていることは基準がでたらめです。沖縄の基地で米軍の子供たちが乗っているスクールバスに対して嫌がらせの言葉（ヤンキーゴーホームとか、ダイ、ダイ）を吐いてもヘイトではないという認識です。韓国人全般へのヘイトは許されず、米軍の子供に対するヘイトはいいのか、という矛盾を抱えています。

条例が怖いのは、運用によって左右されてしまうこと。保守的な条例というのは守られなくても見て見ぬふりが多いですが、左翼的な条例は、守らないと厳しく取り締まられたりします。ヘイト禁止条例はできてしまうと一人歩きをして、行政側が厳しく運用するはずです。そういう意味では、三権分立でいう立法ではなく行政側に回って運用にまで携わらないと、左派的な政策を止められない現状があります。

地方議会が左派に狙われている

杉並区議会では、杉並区内で適用される条例を作っていますが、極端に左派的な条例や、明らかに右派的な条例が議論されることはそこまで多くはありません。議題に上がるのは、地域内の事務的な条例がほとんどです。例えば、新しい保育園の指定管理者についての条例などです。

おそらくどこの市区町村もそうだと思いますが、市区町村で議論されているのは、ほとんどは地域ネタです。

ところが、区民ではない人たちから「こういう条例を作れ」という陳情が毎月大量に届きます。それらは極端に左派感の強い条例案ばかりです。川崎市と同じようなヘイト禁止条例を作れという陳情も、杉並区にたくさん来ています。

陳情請願は地元の人でなくても可能です。陳情は誰でもでき、請願は地域の議員一人の紹介があればできます。

沖縄の人が辺野古についての陳情をよく送ってきますが、請願は杉並区議会議員の紹介がないとできないので、陳情という形がとられています。陳情はさまざまな団体が出すことができるので、リベラルな陳情が大量にあちこちから送られてきています。

議会は、届いた陳情請願を審議して、採択するかどうかを決めます。例えばヘイト禁止条例であれば、区民生活委員会に付託されて委員会で審議されます。本会議に上がり、議員の多数が賛成したら可決されます。

私は、そういった陳情を突破口とする一連の左派系条例案には反対ですが、全国の左派が強い自治体からオセロのように条例がパタパタと出来ていき、圧力がかかっていますので、議題に上がれば今後、可決されるかもしれません。多くの自治体で同様の条例案が審議される可能性があります。新型コロナウイルス感染症の拡大に対して、国に先んじて地方自治体が独自施策を打ち出す例が、連日ニュースで取り上げられていたと思います。地方自治体というのは、時に国よりも速いスピードで政治を動かすことが可能であるということです。国政に比べれば軽視されがちな地方議会にも、ぜひ目を向けていただければと思います。

第4章

LGBT発言の真相

性的マイノリティーを政治利用する人々

「はじめに」でも少し触れましたが、平成二十八年（二〇一六）二月に行われた杉並区議会での、私のＬＧＢＴ（Lesbian〈レズビアン、女性同性愛者〉、Gay〈ゲイ、男性同性愛者〉、Bisexual〈バイセクシュアル、両性愛者〉、Transgender〈トランスジェンダー、性別越境者〉の頭文字をとった単語で、セクシュアル・マイノリティー〈性的少数者〉の総称のひとつ）に関する発言は、大炎上し、たくさんの批判を浴びました。

そこに至る経緯からお話ししますと、世の中でＬＧＢＴの権利を守るための活動が活発化してきて、杉並区でもＬＧＢＴのための予算が計上されると聞きました。私は、このままでは、ＬＧＢＴが左派の言う「弱者」にカテゴライズされてしまって、ＬＧＢＴ関連の予算が膨れあがってしまうと懸念しました。予算が特定の方々にだけ付くと、周りから反発を受け、かえってＬＧＢＴの皆さんが攻撃されてしまうことも考えられるからです。

そして何よりも、私の性的マイノリティーの友人たち（みな右派）が、左派に利用されて政治問題化されるのを嫌がっていました。「放っておいてほしい」と。

ＬＧＢＴの人の中にもいろいろな考え方の人がいます。左派的な考え方の人もいれば、右派的な考え方の人もいます。権利を主張したい人もいれば、ひっそりと生きていきたい人も。

それなのに、ＬＧＢＴとして、ひとまとめにされて左派に政治利用されている感じがしました。ＬＧＢＴの人たちが、障害者や高齢者と一緒に弱者にカテゴライズされると、どんどん行政の仕事が増えて、過剰に大きな政府になってしまいます。

多様な考え方の人がいるＬＧＢＴを勝手に「弱者」とひとまとめにして、行政が一律に介入することはいかがなものか、という懸念が私にはありました。

ただし、「トランスジェンダー」に関しては「性同一性障害」として医師の診断がされていることもあり、障害に配慮するために、行政が一定の関与をすべきでしょう。

例えば私のトランスジェンダーの友達は、「中学、高校の制服は、スカートではなくパンツ（スーツ）をはきたかった」と言っていましたので、トランスジェンダーの人には、学校でも、柔軟な対応をできるようにすべきではないかと考えました。

杉並区議会での発言の趣旨は、ＬＧＢＴの「ＬＧＢ（レズビアン・ゲイ・バイセクシュアル）」と「T（トランスジェンダー）」は別ではないかという視点からのものでした。LGBは、昔から世の中に一定割合以上いると推定されていましたし、勝手に「弱者」にカテゴライズして行政が「身体障害者」のように扱い、介入するのは控えるべきではないか。他方、Tの性同一性障害は医師の認定が必要な障害であることが近年確認されてきたことから、法的に保護や配慮をする必要があり、彼らの人権のために区が啓蒙をする必要があるのではないかという趣旨です。

「LGBとTは別ではないか」ということは、全国の自治体でいろいろな議員が発言していますが、これまで特に大きなニュースになったことはありませんでした。当時の杉並区議会では、私は最年少の、しかも女性議員ということで、「こいつが何を言い出すのだろうか」と周りの人たちから関心を持たれていたので、目立ってしまったのかもしれません。

「LGB」と「T」は別である

私は次のように、質問をしました。

一部分を切り取ると正しく伝わりませんので、私の質問の議事録全文そのままと、あわせて、区の回答も載せます。

■杉並区議会　平成二八年第一回定例会（平成二八年二月一五日）

〈質問内容〉

最後に、性的マイノリティーについての質問をいたします。

昨年に実施された電通総研の調査によると、日本人の約一三人に一人が性的マイノリティーであるという結果が出ています。今までよりもそういった話題が俎上《そじょう》に上ることが多くなったこともあり、区としても実態把握に努める必要があるのではないかと思えるほどに、性的マイノリティーの人権を守るための運動は日本でも広がってきています。

同性パートナーシップに関する渋谷区の条例、世田谷区の要綱は、その象徴と言えるでしょう。ただし、これらは憲法二四条（婚姻は、両性の合意のみに基いて成立し、夫婦が同等の権利を有することを基本として、相互の協力により、維持されなければならない）、九四条（地方公共団体は、その財産を管理し、事務を処理し、及び行政を執行する権能を有し、法律の範囲内で条例を制定することができる）に違反している疑いが強いことが指摘されています。

確かに、性的マイノリティーの方々のアパート入居、病院での面会などの不利益が存在するのであれば、彼らの苦しみを取り除き、彼らを救済する必要があります。しかし、それら個々の問題が発生した際には、それらに対する個別の運用で十分に対応が可能ではないでしょうか。

例えば、アパート入居や病院での面会権を家族以外にまで広げることは不可能ではないですし、財産に関する問題は、公証人役場で遺言公正証書を作成すれば、新たな条例などは不要です。また、家族ではないからといってアパート入居、病院での面会を断られる問題は、本当に多く発生しているのでしょうか。

現在日本には、性的マイノリティー向けの心理カウンセラーや、同性結婚式を行う神社や結婚式場、性同一性障害の患者を積極的に診察する病院が存在します。さらに、厚生労働省が精神障害者保健福祉手帳から性別欄を削除するなど、性的マイノリ

所属会派「自民・無所属・維新クラブ」を代表し決算に対して意見表明（令和元年、議場にて）

ティーに配慮した対応が国内で既に進んでいます。このように、日本は、他国に比べると性的マイノリティーに対して目に見えた差別が少ない国であると言えます。

例えばアメリカでは、キリスト教の教えによって同性愛は罪とされているため、同性愛者に対する差別が根強くあります。また、ロシアでは、二〇一三年に同性愛宣伝禁止法が定められ、去年は動画サイトのユーチューブで、同性カップルが手をつないで歩いているだけで周囲の人々がそのカップルに対して暴言を浴びせたり殴りかかってくる動画が二日間で二〇〇万回再生され、話題となりました。さらに中東やアフリカには、同性愛自体が犯罪行為とされており、死刑を含む刑罰で罰せられる国も存在します。そのため、日本では性的マイノリティーへの差別は比較的少ないと言えます。

しかし、それは、裏を返せば、国民が彼らについての正しい知識を持っていないということの裏づけでもあります。

そのため、ここで整理をしておきたいのですが、レズ、ゲイ、バイは性的指向であるのに対し、トランスジェンダーは性的自認であり、医師の認定が必要である明らかな障害であると言えます。

トランスジェンダーの方は法律的に保護する必要があり、世間的な目からの誤解を解かねばなりませんので、彼らの人権のために区が啓蒙活動をするのは問題ないと考えます。また、トランスジェンダーの方は障害であると認められているからこそ、性別を変更できるなどの法的な救済策が用意されています。

それに対し、レズ、ゲイ、バイは性的指向であり、現時点では障害であるかどうかが医学的にはっきりしていません。そもそも地方自治体が現段階で性的指向、すなわち個人的趣味の分野にまで多くの時間と予算を費やすことは本当に必要なのでしょうか。その前提に基づき、幾つか質問をしていきます。

杉並区男女共同参画行動計画においては、「性的少数者（性同一性障害者等）」と記載されていますが、ここで言う「等」には具体的に何が含まれているのでしょうか、伺います。また、関連して、杉並区男女共同参画行動計画は今年改定されますが、そこでは性的マイノリティーについてどのように表現されるのか、伺います。

杉並区は、性的少数者と一くくりに表現していますが、本来、レズ、ゲイ、バイとトランスジェンダーは本質的に異なるため、区別されなければなりません。実際に、私の友人のトランスジェンダーの方々に話を聞くと、レズ、ゲイ、バイと一まとめにされることには抵抗があるとのことでした。そのため区は、レズ、ゲイ、バイとトランスジェンダーは異なるものであると周知し、ＬＧＢＴや性的少数者という性的指向と性的自認を一まとめにした表現を改めるべきだと考えますが、区の見解はいかがでしょうか。

障害を理由とする差別の解消の推進に関する法律が今年四月一日から施行されますが、性同一性障害の方々は対象になるのか、杉並区の見解を問います。

最後の質問となりますが、杉並区は今後も、性的マイノリティーの人権を守るための活動を続けていくのでしょうか。また、杉並区は今後、渋谷区の条例や世田谷区の要綱のようなものを出すことはあり得るのか、伺います。

以上、性的マイノリティーに関して幾つか質問させていただきましたが、それは、トランスジェンダーである私の親友が、ここ最近のＬＧＢＴに関する運動の盛り上がりに不信感を抱いており、自分はカムアウトはしたくないし、そもそも世間にここまで大きく性について取り上げてほしくないという彼女の言葉を聞いたことがきっかけでした。

多様な思想や個性を持つ私たちが共生していくに当たり、身近に性的マイノリティーの方々がいるということを認識することは重要です。その上で、マジョリティー側がマイノリティーの気持ちを理解し、その気持ちに寄り添うことで、さまざまな状況は改善するはずです。

ただ、そこで注意すべきこととして、マイノリティーを助ける側の人々が、人助けをしようという気持ちが過剰に膨らみ、上から目線となり、マイノリティーの方々に差別的な目線を送っている可能性があります。また、その逆のパターンで、マジョリティーの力よりもマイノリティーの力が大きくなり、マジョリティー側を迫害する構図が生まれることも考えられます。

実際にアメリカのコロラド州では、キリスト教の信仰から同性婚のためのウエディングケーキの販売はできないとして断った洋菓子職人の男性が、日本円にして約一七〇〇万円の賠償金支払いを命じられたという事例があります。洋菓子職人の男性は、同性カップルにウエディングケーキをつくることを強いることは信教の自由と言論の自由を迫害していると主張したにもかかわらず、訴訟に負け、自身の宗教的信条を否定される苦痛を味わうことになりました。

海外では、このような性的マイノリティーによる過剰な人権訴訟がふえており、敗訴した企業や店舗は営業停止に追い込まれるなど、本末転倒のケースが少なくありません。

性的マイノリティー支援において本当に重要なことは、彼らが本当に求めていることは何であるのかを見きわめ、一人一人に合った対応をすることです。それにもかかわらず、結果的に差別のなかったところに差別が生まれてしまうという逆説的な結果が生まれてしまうこともあります。

全ての人が、マジョリティーに対してもマイノリティーに対しても思想信条の自由を侵害しないことを願い、私の一般質問を終わらせていただきます。

〈区民生活部長の答弁〉

私からは、性的マイノリティーについての御質問にお答えいたします。

まず、区の男女共同参画行動計画における性的少数者についてのお尋ねでございますが、「性同一性障害者等」の「等」につきましては、レズビアン、ゲイ等の性同一性障害者以外の全ての性的少数者を意味しているところでございます。今年一月に改定いたしました男女共同参画行動計画におきましても、性的少数者については同様に、「性的少数者」、括弧書きとして「（性同一性障害者等）」と記載しております。

次に、性同一性障害者についてのお尋ねでございますが、性同一障害の方につきましても、性的少数者としての差別や偏見を受けることは変わらず、その人権について、他の性的少数者と同様に守らなければならないものと認識しております。

次に、障害を理由とする差別の解消の推進に関する法律についてでございますが、性同一性障害の方がこの法律の対象として障害者に該当するかは、この法律では明確にはされておりませんが、人権問題として、差別や偏見はなくしていかなければならないものと捉えております。

私からの最後に、性的マイノリティーの人権についてのお尋ねにお答えいたします。

性的マイノリティーに関しましては、さまざまな差別や偏見により、生きづらさを抱えている状況があり、区の男女共同参画行動計画におきましても、人権問題として、性的少数者に対する理解の促進のための啓発の取り組みを今後も進めてまいります。

なお、性的マイノリティーに関する渋谷区の条例や世田谷区の要綱の制定につきましては、既存の法制度との整合性等の課題とともに、婚姻のあり方や家族観など、区民の中にも賛否さまざまな意見があると捉えておりますので、同様の条例、要綱の制定については、現在のところ考えてございません。

私からは以上でございます。

発言内容をねじ曲げた東京新聞

議会で、こういった質疑応答をしたのは平成二十八年二月十五日です。

杉並区議会では、質問が終わると質問をした議員が所属する会派の人だけが拍手をして、他の会派の人は拍手をしないで聞いているのが普通です。その日もいつも通りで、私が質問し終わった後に、会派四人の拍手が起こっただけです。ヤジも怒号もなく、静かに終わりました。

私の発言が差別的と感じたのであれば、その場で多くの議員からヤジや怒号が飛んでいたはずです。そういうことは全くありませんでした。

ところが、質問をした日から八日後の二月二十三日に、突然、東京新聞が朝刊特報一面で「杉並区議が発言『同性愛は趣味』」という見出しで報じたのです。そこから抗議が数え切れないほどたくさん来るようになりました。

質問当日は何の反応もなく普通に終わり、一週間も時差があってから騒ぎになったので、大変驚きました。

私の発言が間違っていると感じたのなら、区議会当日に議員たちが私のところに抗議に来るなど、何らかのアクションがあってもおかしくありませんが、それはありませんでした。

東京新聞もひどいものです。私は、個人的趣味という言葉を「テイスト」の意味で言ったのですが、「個人的」が外され、「趣味」のところだけ切り取られてしまいました。「趣味」という文字を見れば、誰でも「ホビー」を連想してしまいます。私が主張したのは「パーソナル・テイスト（誰が誰を好きになるのか）」については行政が入り込むべきではないということです。

主語についても、変えられてしまいました。私は「同性愛」という言葉は使っていません。「性的指向」と言っています。異性愛でも同性愛でも、誰が誰を好きになるかは個人的趣味の問題で、自由でしょう。

性的指向についてよく間違えられるのは「指向」の文字です。「嗜好」と間違えられやすいのですが、「指」を「向ける」という字の「指向」です。性的指向は、異性を好きになるか、同性を好きになるか、異性も同性も好きになるかという個人的な「指向」です。

私は、性的指向はパーソナル・テイストであり、どの性を好きになるかということで区別して、行政が特別な関与や財政投入をするべきではないと考えています。まして、政争の具になどすべきではないという考え方です。

東京新聞の見出しでは「性的指向」を「同性愛」に変えられ、「個人的趣味」を「趣味」に変えられ、「同性愛は趣味」とされたことで、問題化していきました。

ヤフーのトップニュースになって大炎上

東京新聞に掲載されたのと同じ日だったか、タイムラグがあったのかははっきり記憶していませんが、この件がヤフーのトップニュースとして取り上げられました。そこから大炎上です。

毎日、「死ね」とか「ブス」、「差別主義者」といった嫌がらせの電話がかかってきました。そのほとんどが男性からでした。

私は、ゲイの友達としょっちゅう「新宿二丁目」界隈に遊びに行っていましたので、性的マイノリティーの中でも、とくにゲイの皆さんのしゃべり方の特徴はなんとなくわかります。抗議してくる人たちの声や話し方を聞いていると、この人たちは恐らく性的少数者ではないなと感じました。声や話の内容からすると高齢男性のようです。

女性からの抗議もありましたが、やはり高齢の印象を受けました。

ＬＧＢＴの人たちからの直接的な抗議ではなく、その外野にいる「私設応援団」のような左翼的な運動家たちが、ここぞとばかりに抗議の電話をかけてきたような感じです。

衆議院議員の杉田水脈さんが『新潮45』でＬＧＢＴについて寄稿して大炎上したのは、平成三十年（二〇一八）八月号のことでした（「『ＬＧＢＴ支援』の度が過ぎる」）。それより一年半くらい前のことでしたから、政治家のＬＧＢＴ発言で大炎上した日本で最初のケースとなってしまいました。

それまでもＬＧＢＴに関して発言した政治家はたくさんいましたが、その多くは中高年男性議員でした。「頭の固いオジサンだからしょうがない」という感じで、あまり話題にならなかったようです。でも、私の場合は、「なんで、こんな若い女性議員が、頭の固いオジサンっぽいことを言うんだろう」という、その意外性で、強い関心を持たれてしまったのです。

「同性愛は趣味」という言葉が一人歩きし、ヤフーニュースの見出しでも使われました。それが「釣り針」のようになり、数え切れないほどの人が批判してきました。

ただ、ヤフーニュースは私の質問内容の全文を載せてくれました。コメント欄には、批判的なものだけでなく、「全文を読んだら、至って普通なことを言っているじゃないか」というコメントもたくさんありました。

質問の最後に、「全ての人が、マジョリティーに対してもマイノリティーに対しても思想信条の自由を侵害しないことを願い、私の一般質問を終わらせていただきます」と言ったことが好意的に受け取られ、「この議員の言いたいことはそういうことじゃないのか」と理解を示してくださった方もいらっしゃいました。

しかし、「右翼」というか「右寄りの意見」をウの目タカの目で探していた左翼の人たちには、格好のネタだったようです。ネットで叩かれまくり、抗議の手紙がたくさん届きました。保守の側からも、私のことを快く思っていない人たちや、私を同性愛者差別者と勘違いした人たちの批判を浴びました。

東京新聞の記事が出てから、杉並区の左派区議たちがブログやSNSで私の批判をし始め、「小林ゆみの発言を許さない」と言う人が出てきました。

私はその左派の杉並区議のところに「これは、どういうことですか?」と聞きに行きました。「差別的だ」と言うので、私は、「同性愛者の差別をしたことはありません。こういう理由で質問として取り上げたんですよ」と発言の趣旨を説明しましたが、「いや～、それでもこの表現はやっぱり差別的だよ」と繰り返すばかりです。具体的な反論をいただけなかったのは、私よりもＬＧＢＴの方たちの実情をご存じないからという感じがしました。私からしたら、同性を好きになる人を勝手に「弱者」と呼ぶ方が、よっぽど差別的だと感じます。

自分の身近なところに、ＬＧＢの人やＴの人がいないと、その人たちの考え方や感じ方はよくわからないのではないでしょうか。私の場合は、ごく身近なところにそういう方々がいましたので、ホンネに接することができ、いろいろなことについて勉強できたことは幸運でした。

私を救ってくれたトランスジェンダーの親友

バッシングを受けた当時は、議員になってまだ一年未満でした。ほとんど何もわからない状況の中で、いきなり強烈な洗礼を浴びました。

みんなから怒りの口調で「同性愛は趣味（ホビー）ではない」と言われました。もちろん、知っています。「私はそういう発言をしていない」と言っても誰も聞いてくれず、真意を伝えたくても、ただ拒絶されました。多くの人から全てを否定される経験をして、正直に言うと、精神的にはかなり落ち込み、苦しかったです。その時私を支えてくれたのは、予備校時代に出会ったトランスジェンダーの親友たちでした。

「間違ったことは何も言っていないよ。ひっそりと生きたい私たちのためにがんばってね。マイノリティーの中には、権利をアピールしたい人とひっそりと生きたい人がいてね、私はひっそり生きたいほう。ひっそり生きていきたい人にこれからもちゃんと寄り添ってね」

この言葉で救われました。

その後、あるトランスジェンダーの団体の代表の方から感謝の手紙もいただきました。私たちはLGBの人とは性質が異なりますというものでした。

「L的要素、G的要素、B的要素を含み持ったトランスジェンダーもいますが、実際的には私たちは別だと思っています。外側の性と内側の性が違うので、本当に苦しいんです。LGBの人たちとは、苦しみの本質的な種類が違うと思っています。全く別の問題と言って下さってありがとうございました」という内容が書いてありました。トランスジェンダーの方から、ほぼ同じ内容のメールもいただきました。

LGBTの人の中には、連帯して運動したいという左派的な政治志向の人もいますが、自民党と手を組んでいる保守的な政治志向の人たちもいます。左派の人たちは、ＬＧＢＴの人たちを自分たちの支持者であり、自分たちこそＬＧＢＴの味方だとアピールしていますが、ＬＧＢＴの人をひとまとめにして左派的な活動に巻き込むのは間違っています。

ＬＧＢＴを「弱者」と決めつけることこそ差別だ

私の友達の多くは、世間でマイノリティーと言われる人たちやメンタル系の疾患を持った繊細な人たちです。美唄にいるときには、アイヌ系の血を引く友達と仲良くしていました。家族ぐるみのつきあいをしていた自閉症の友達もいます。札幌の予備校時代には、私自身が一時、鬱状態になりましたが、そのころ知り合って親友になったのはトランスジェンダーの子でした。大学生の時には、（左派が『弱者』と決めつける黒人の）カメルーン人の男の子や、三人のゲイの子と仲良くなりました。

私自身も私の友人たちも、左派の人たちが「弱者」と呼んでいるグループにカテゴライズされる人ばかりですが、私は、こういう人たちを一律に「弱者」とカテゴライズする考え方に反対です。ちなみに、私自身生活保護すれすれの貧困家庭で育ち、厳しすぎる「しつけ」を受け、精神疾患で通院したこともあり、おまけに性被害（レイプ未遂など）にも遭ったことがありますから、左派が言う「弱者」の基準をいくつもクリアしていますが、左派は私を「支援」してはくれません。あれっ、おかしいな（笑）。

私は、LGBTのうちLGBの人を「弱者」と決めつけている人たちのほうが、よほど差別的だと思います。LGBの人たちに失礼です。

LGBの中にはいろいろな人がいます。私の友人たちは、「弱」くもなんともありません。イケメンでカッコいいし、歌も上手いし、話がとても面白いし、考え方もしっかりしていて、尊敬に値する人物です。収入だって、私の倍くらい稼いでいます。「会社で差別されている？」と聞いたら、「全然されてないよ」と言っていました。

アメリカでは民主党の大統領候補者として、ゲイのピート・ブティジェッジ候補が一時活躍しました。日本でも、ゲイやレズビアンの政治家も出てきています。芸能界ではゲイの人たちが大活躍です。こういう人たちは「弱者」でもなく「障害者」でもありません。その区別はきちんと認識しておくべきです。

「なんで左派の人たちの言っていることって、現実と全く違うんだろうね」と聞いたら、「きっとゲイの中でも、私たちは勝ち組なのよ。生活に困っていないから、あんな運動に入らなくてもいい。でも、生活がうまくいっていないと、運動に乗っかることで生き甲斐を得て、承認欲求が満たされるのかもね」と言っていました。なるほど、そういうこともあるのかもしれないなと思いました。

ＬＧＢの人の中にも、生活がうまくいっていて幸せに暮らしている人と、生活がうまくいっていなくて辛い思いをしている人がいます。後者の人たちを一部、左派が取り込んで、政治運動に利用しているのでしょう。前者の人たちの多くは、保守派を支持しているか、あるいは、政治的なことになどまったく関心がなく、巻き込まれたくもなくて、普通に暮らすことを望んでいます。

左派の人は、ＬＧＢＴの人たちが目立つように前面に押し出し、政治的な勢力にしたいと思っているようですが、ＬＧＢＴの人たちの考え方はそれぞれ違います。左派は、ことあるごとに多様性、多様性と言いますが、ＬＧＢＴの人たちの個々の多様性はまったく無視して、ひとまとめにしています。

政治活動などしたくない人もいます。ひっそりと生きたい人にも寄り添うことが重要です。なんでも政治ネタにして社会を揺さぶろうとする「左翼全体主義者」たちの網にひっかからないようにしてほしいものです。

第5章

教育は国の根幹だ

受験生をスポイルする入試問題の偏向

私のＬＧＢＴ発言に対するバッシングもそうですが、なぜこれほど左翼的な考え方が世の中に広がってきたのでしょうか。

それはやはり、教育の問題が大きいと思います。

私自身、北海道の公立校で左翼洗脳の教育を受けてきたため、教育の影響力の大きさが身にしみてわかります。また、大学の先生方が左翼的な考え方を持っていて、大学入試にもその考え方が色濃く反映されていることも問題です。

社会科などの入学試験が正解として左翼的な回答を求めていれば、受験生はそれに追随せざるを得なくなります。

以前、講師として勤めたことのある予備校で、その一端を垣間見たことがあります。

個別指導の隣のブースから聞こえてきたのは、小論文の指導でした。

「日本は生活保護を今よりも何倍も支払う余裕があるのに、生活保護を受けなきゃいけない人が受けられないよね。どうやったら生活保護受給者を増やして貧困を無くせると思う？　書いてごらん」

おいおい、無責任に間違ったことを教えるのはやめてくれ、と隣からツッコミたくなりました。

「性的少数者の人は差別を受けているけど、どうしたらいいと思う。書いてごらん」という声も。

大学の教授に左翼的な方が多いので、ポリティカル・コレクトネスに沿った小論文を書かないと合格できません。小論文の模範的な回答として、左翼的な考え方が教え込まれます。社会科で反日的な内容が教えられるだけでなく、小論文の指導においても、左翼的な考え方を植え付けられているのです。

私は、予備校で面接の対策も担当していました。

「将来の夢は？」という質問に、「国連で働きたいと思います。企業に入ってお金を稼ぐのは資本主義を助長することで、間違っているからです」と答えた子がいました。話を聞いてみると、どうも国連は絶対的正義と思い込んでいるようでした。「地球温暖化を防止するために環境アナリストになりたい」など、環境問題に興味を示す子も多く、左翼的な考え方はかなり行き渡っています。

私自身も高校生、受験生のときは左翼洗脳にどっぷりとハマっていました。大学生になって初めて気付いて、ようやく洗脳から解放されたのは前述した通りです。もっと早く洗脳から解放してあげるために、学校の教育、予備校での教育、大学入試のあり方を抜本的に変えていくことが重要だと考えています。

人魚姫《リトルマーメイド》も「007」も黒人女性

中高生は、学校で左翼的なことを教えられ、入試に合格するためにも左翼的なことを学ばざるを得ません。それだけではなく、映画や音楽などの文化からもリベラルな影響を受けています。

アメリカでは、ポリティカル・コレクトネス、ダイバーシティ（多様な人材活用）の考え方が盛んです。

映画はポリティカル・コレクトネスの影響を強く受けています。映画『007』シリーズの新作では007役を黒人女性がやるとのこと。「歴代のボンド役は白人男性ばかりだったが、それではダメだ、女性を、しかも黒人を起用すべきだ」という考え方に基づくものでしょう。

『リトルマーメイド』でも、黒人のお付きの人が出てきますが、原作の時代的に見れば、ありえない話です。さらに、黒人女性が実写版の主人公アリエルを演じることが発表され、賛否両論が巻き起こりました。

『きかんしゃトーマス』の友達の名前も、中東系、中国系の名前が増えているそうです。中東や中国生まれの機関車が、原作の舞台であるイギリスにいたかどうかは関係がないようです。事実よりも、ポリティカル・コレクトネスのほうが優先される世の中ですから。

二〇一九年の世界五大ミスコンの優勝者はすべて黒人女性でした。美しさの基準は一概には言えませんが、ここにもポリティカル・コレクトネスへの忖度を感じます。

こうした流れを受けて、日本でも一時期、『アンパンマン』の必殺技「アンパンチ」が暴力的であると左翼から攻撃されるなど、ヒーローたちもクレーム攻撃にさらされています。色鉛筆やクレヨンも「肌色」は、「黒人の肌の色を考慮していない」ということで「うすだいだい」と言い換えられました。もはや、差別をなくすというレベルを超えて、不自然な言い換えを強いる方向にまで進んでいます。

ポリティカル・コレクトネスは、左翼思想の押しつけと化してしまいました。それによって、子供たちの教育環境、文化的環境が大きな影響を受けてしまっています。

私の「入学試験改革案」

私は、国歌の歌詞を隠してしまうという、ひどい左翼教育を受けてきました。左翼洗脳による、意欲を持たせない、夢を諦めさせる、自分の頭で考えさせない愚民化教育でした。

そのような経験があるので、日本の子供たちのために、日本の未来のために「教育の質を高めていきたい」という強い気持ちを持っています。

私が選挙でお世話になった前杉並区長の山田宏さんは、「自分の得意分野を伸ばす教育をすべきだ」と言っていますが、私も同じ考えです。アメリカでは、高校に入った時点で自分の専門を決められるようになっており、高校時代から得意科目を突きつめていける教育がされていると山田さんから聞きました。

教育の仕組みを変えようという動きはすでに始まっています。去年（令和元年）から今年にかけて入試改革が話題になりました。今の大学入試制度への問題意識は誰もが持っており、記述式を増やすなどの改革をしようということになりましたが、採点方法を巡って混乱し、「今年受からないと、入試の形式が変わる？　それとも変わらない？」と、受験生たちは振り回されてしまいました。結局、大学入試共通テストの記述式問題導入は見送られることになり、英語の民間試験導入も延期されました。

くん
くんは自分に
厳しく、誰よりも
努力家なのできっと
良い結果が出ると
思っています。
裏へ
チョコ
くん
ガンバレ！
未来のお医者さま
いつも朝から晩まで
勉強している姿を、
神様もみんなも見て
いるので、自分の頑張りを
本番は思い出してね
小林優美

予備校講師時代に生徒に宛てて書いた合格祈願メッセージカード

私は、入試を変えるのだとすれば、そういうことよりも、今よりもさらに得意な学科を生かせる形にするのがいいと考えています。例えば、プログラミングの試験をして、それができれば、他の科目は一定程度点数を取れれば合格させるというような形です。

古文や漢文など一般の文系教

科ではトップクラスの成績は出せないけれども、プログラミングだけは抜群にできる子もいるはずです。そういう子が大学でプログラミングを極めれば、世界にイノベーションを起こすようなプログラムをつくれるかもしれません。

各分野において、そういう「一芸入試」ならぬ「一科目入試」といった入試システムも並行して設置していけば、得意なことを活かす子が増え、日本の国力も上がっていくはずです。

物理が日本でトップクラスを争うほど抜群にできる子は、物理を追究できるようにし、他の科目がちょっとできなくても合格させる。そういう入試方法も追加すれば、高校時代から物理の勉強を追究できるはずです。他の科目の出来にさほど気を取られる必要は無くなります。

また、高校を卒業したら全員が大学に進学しなければいけないというわけではありませんので、世界的な料理人になることを目指している子は、高校時代から料理の道を追求すればいい。そうして一流の料理人になってから、「やっぱり勉強もしたい」と思ったら、いつでも大学に入れて、学問を学ぶことのできるフレキシブルな社会になればと思っています。

現在のように、高校卒業時点で一律に大学に入る形ではなく、年齢に関係なく、柔軟な形の教育にしたほうが国力アップにもつながります。

ニートや引きこもりの人たちを見ていても、それを強く感じます。就学していないからといって能力が低いわけではなく、彼らの中には各分野において非常に高いレベルの能力を持っている人も数多くいます。学校に行かず、家に閉じこもって、好きなことばかりしていると思われている人たちも、ちょっとしたきっかけで、世の中を変えるかもしれません。

『ピクセル』という二〇一五年のアメリカ映画があります。地球外生命体のようなものがゲームの世界から飛び出してきて世界を破滅させようとするストーリーです。地球の危機に際して、アメリカで「ナード（nerd）」と呼ばれている人たち、日本で言えば「オタク」ですが、ゲームが抜群に上手いナード三人が世界を救う物語です。左派が「弱者」と呼びそうな三人ですが、世界の危機を救うスーパーヒーローとして大成功するのです。

『ピクセル』の中の三人のように、自分の得意分野を活かして国を救ったり、国に貢献したりする人が出てくるように、今後何らかの方法で入試制度を変えていくことができないかと考えています。

ボランティア経験より学業

最近の大学入学試験は、ボランティア経験など、学業とあまり関係のないものを重視する傾向にあります。これについて私は方向性が違うのではないかという疑問を持っています。

もっと学問の本質を問うような問題を増やすべきです。

入学後に学ぶ学問と関連する本質的なことを問うようにすれば、真剣に学ぼうとする子が受験するようになります。単に点数を稼げばいいという考えでは受からなくなるので、中学、高校での勉強の仕方も変わってくるはずです。その科目に興味を持って自主的に学ぶ子が受かるようになれば、根本的な教育のあり方が変わっていきます。

ＡＯ入試や推薦などの枠がどんどん広がっているのが今の大学入試の流れです。「勉強しなくても、入れる」と安易に考えている高校生もいます。特技を活かしてもらうのはいいのですが、ボランティア経験が学業・学科より重視されるようになっては、勉強をしなくなる子が増えてしまう恐れがあります。

まずは、教師が自分の担当している科目がいかに面白いかということを生徒に伝え、生徒が「面白そうだな」と興味を持って勉強を始める。ＡＯ入試、推薦に目を向ける前に、各科目の勉強を、一つでも好きになってもらえるように教育していくことが重要ではないでしょうか。

誰にも得意、不得意がある

私の場合、幼稚園くらいから英語の学習教材のようなもので遊んでいました。美唄にはあまり娯楽がないので、小学校三年生くらいから、暇な時間は友達にダビングさせてもらったカセットでずっと英語の音声を聞いていました。

好きでしていたことなので、楽しく遊びながら英語が身につきました。嫌々やらされていたら、そうはいかなかったと思います。

令和二年度から、小学校三年以上で英語教育が行われていますが、すでに授業として英語教育を始めている小学校もあります。英語を教えるのであれば、楽しく、興味が持てるように教えてあげてほしい。興味を持ち、自主的に学べば語学力が身につきます。勉強の楽しさを教えてくれない教育が続いている今のままでは、子供が英語を勉強したがらないのではないかと心配しています。

私は、小学校のときに兄と一緒にそろばん教室に入れられました。兄はおそらく理系脳で、そろばんが性に合っていたのでしょう。今でも二十桁など、桁数の多い掛け算、割り算がすぐにできます。「ルートは？」と聞いても、パッと答えてくれます。頭の中にそろばんがあるようです。兄は現在はそれを活かしてシステムエンジニアをしています。

私は、同じそろばん教室に行っていたのに、そろばんは得意でなく、数学もできませんでした。やはり、向き不向きがあるのだと思います。そろばんは小学校二年生のときに自分からやめてしまいました。

そのころから、漠然とですが、苦手なことでなく、得意なことで生きていければいいなと思っていました。

学校教育も、本来はそういう形にしたほうがいいと思います。勉強が好きな子には、どんどん勉強させる。得意な科目を延ばしたい子には集中的にやらせてあげる。もちろん、苦手なことにチャレンジしたほうがいいケースもあるでしょうから、そこは臨機応変に。

予備校で教えていたときに、漢字は全くできないのに、地層に関しては何でも知っている子がいました。誰にでも興味のある分野とない分野、得意分野と苦手な分野があります。得意分野を伸ばせるように特化した教育も必要ではないでしょうか。

各科目のつながりを教える

高校では、たくさんの教科を学びます。理科には、物理、化学、生物、地学がありますし、社会も、地理、日本史、世界史、政経、倫理などに分かれています。勉強につまずいている子は、まずは一つの科目だけできるようにすればいい。その科目を重点的に伸ばしていくのです。どれか一つの科目ができるようになれば、自信がつきます。

勉強というのは、科目同士がつながっていますので、一つの科目がわかると、別の科目にも興味がわいてくることがあります。そこから、別の科目を学んでいくこともできます。

言葉は文化・社会と大きく関係していますから、例えば英語と歴史や地理や公民とのつながりを教えてあげれば、より深く学ぶことができます。

英語の文章を読んで、外国の歴史に興味を持ったり、逆に、歴史を学んでいくうちに「英語ではなんて言うんだろう」と興味が湧くかもしれません。多くの科目ができるに越したことはないですから、色々な科目をつなげていく教育ができれば、幅広い科目に興味を持ってもらえます。

予備校で古文を教えているときに、生徒たちみんなが「これ、将来何の役に立つんですか?」という顔をしていたことがあります。古文には活用表など暗記の要素もありますが、言葉にはすべて歴史と理由があることを日本史の知識を交えて教えると、よく理解してもらえるようになりました。

暗記、暗記では、楽しくなりません。勉強が楽しくなるように教えることができれば、教育は変わっていくと思っています。それには、学校の先生が自分の教えている科目が「楽しい」「好き」という気持ちを持っていることが大前提です。先生が楽しくなければ、生徒に楽しさは伝わりません。

楽しさを伝えつつ、「この勉強をすれば、例えばこんな仕事に就けるよ」とか「この化学式を勉強すれば、あの商品のこういう嘘が見抜けるよ」といったことを伝えて実生活に結びつけ、実学として教えてあげる教育が必要だと思います。

私は数学脳ではありませんが、議員になってからは財政問題に取り組んでいるので、数学の知識が必要になりました。学校時代には「こんな公式、必要ないよ」と思っていても、思わぬところで必要になってくることがあります。

かつて「水素水」なるものが流行った時期がありますが、理系の友達は、「学校で習ったでしょ。水素なんて、もともと水に入っているんだから、あんなのはインチキ」とバカにしていました。確かに習ったけれども、実際問題として日常生活に当てはめて考えたことはありませんでした。

学校の勉強と日常生活とのつながりを教えてあげれば、より興味を持ってもらえるはずです。

マルチプレーヤーとスペシャリスト

すべての科目はどこかで日常生活とつながっていますから、本来は、すべての科目を楽しく学べるようになることが一番です。すべての科目がマルチにできるジェネラルプレーヤーがたくさん出てきてほしいと思います。単独の専門家（スペシャリスト）も必要ですが、やはりジェネラルプレーヤーも国には必要です。

ただし、全員がジェネラルプレーヤーになれるわけではない。苦手な科目があるのが普通ですから、「この科目ができなくてはダメだ」などと責められないような環境ができればいいと思っています。

個に応じた指導をして、ジェネラルプレーヤータイプと、ある科目に抜群の才能を発揮するスペシャリスト、それぞれの特性を伸ばす複眼的な環境が必要です。

現在の入試環境では、数学がちょっとでも苦手だと国立大学に合格するのは難しい。大学のランクを落とすか、学費が高い私立に行かざるを得なくなることがあります。完璧なジェネラルプレーヤーでないと国立大学に入れない、音楽大学や芸術大学に入れない……。これでは、日本の国力を間接的に削いでいることになります。

ジェネラルプレーヤーも専門家も世の中には必要です。ジェネラルプレーヤー型の人も、専門家型のスペシャル系の人も、どちらの人も国立大学に進めるようにすべきです。

中学高校の学校教育の中でも、世の中にはジェネラルプレーヤーもスペシャリストがいることを教えて、どちらの生き方を選択することもできることを伝えてほしいと思います。

学校選択制で公教育のレベルアップを目指せ

杉並区には、公立中学に行かずに、私立の中高一貫校を受験する子がたくさんいます。中学受験が非常に盛んな地域です。

受験自体は「選択の自由」ですから、悪いことだとは思いませんが、杉並区に住んでいながら、お子さんを世田谷区や港区の私立小中学校に通わせている杉並区役所の幹部の方も少なくありません。

山田宏前区長は、非常に怒っていました。

「〇〇コーラに勤めているお父さんが、息子に『〇〇コーラは飲むな。××コーラを飲め』と言っているのと一緒だぞ。そんなことでは〇〇コーラ（ここでは、杉並の教育）は良くなっていかないだろう」と。

杉並区役所の部長や課長が、杉並区在住にもかかわらず我が子を区立学校に通わせないのは、自分たちの提供しているサービスに自信がないと言っているようなものです。杉並区内に数多ある小学校、中学校を良くしていくことが杉並区幹部の仕事です。

この本の担当編集者によると、彼の郷里の高知県でも、社会党・共産党の推薦で連続当選していた高知市長が、息子さんを地元の公立学校ではなく、私立の中高一貫校に入れていたそうです。受験戦争反対と言いながら、自分の子供はちゃっかり受験戦争に勝つ教育をしている私立に入れるとは、二枚舌もいいところでしょう。

文科省がゆとり教育を推進している時には、文科省幹部の子供たちの多くが、ゆとり教育をしていない私立中高一貫校に通っていました。推進している側と、受ける側が全く違っているのは、無責任だと思います。同じことが杉並区でも起こっているのです。

山田宏区長時代には、学校希望選択制を導入し、「この学校は英語の先生がすごくいい」「この学校はこのスポーツが強い」という特長をもとに区内の小中学校を自由に選ぶことができるようにしました。各学校が、自分たちの特長を生かし、良いところをどんどん伸ばして、選ばれる学校になるよう努力するのが狙いでした。

学校選択制はとても良い制度で、杉並区の学力はアップしました。しかし、田中区長になって、学校選択制は廃止されてしまいました。学校間の競争をあおるという理由です。

越境入学も制限され、決められた範囲内でないと行くことはできません。私は、越境もどんどん認めていけばいいと思っています。通うことが可能であるなら、子供たちの希望に制限をかけるべきではないと思います。「選択の自由」を認めないと、子供たちの可能性を狭めてしまうことになります。

教育現場に外部から人材を導入する

学校希望選択制には、共産党などの左派を中心に社会主義志向の方々が反対しています。左派は、「競争をあおる」という理由で、生徒間の競争だけでなく、学校間の競争も否定します。例えそれが健全なものであっても、競争は全てダメという考え方です。

全国学力テストについても、学校ごとの平均点を出すか出さないかで、全国各地で揉めたことがありました。A校がB校より点数が高いことがわかると、その評判を聞いて「うちの子もA校に行かせたい」と親は考えます。B校の先生は志望者が減ることを恐れます。

公立小中学校への人員配置は東京都が決めているため、杉並区は大きくは関与していませんが、学校がそれぞれの特色を出して選ばれる学校になるために努力することは区ができるので、ぜひ努力してほしいと思っています。

一方、教育内容に関しては、残念ながら議員はほとんど関与できません。多少のプレッシャーをかけることができる程度です。

例えば、「今、学校のプログラミング教育はどうなっていますか」とか、「この分野にはきちんと取り組んでいますか」と議会で行政の担当者に質問して、取り組みが不十分であれば、行政側に強く申し入れることはできます。

社会科に関しては、反日的な偏向した教科書が使われている場合に、「教科書以外の補助教材はどうなっているのか」と質問して、補助教材の採用に関してプレッシャーをかけることはできますが、実際に使われるかどうかの最終的判断は学校側の裁量となります。

授業の内容については、地方議会でいくら行政側に問いただしても、「国の学習指導要領に沿ってやっています」と言われるだけです。そのため地方議会では、内容面よりも人員確保や質の確保について質問せざるをえません。

私は、「外部からの人材をもっと呼ぶべきだ」と議会で主張しています。

例えば、英語の先生が一人だったとします。その先生が部活の指導もしなければならない状態に置かれると、非常に忙しくなります。忙しさのために、英語の問題を作るにも「去年のものを流用しよう」と安易に流れ、教育の質が低下していく可能性があります。

区から東京都にお願いしてエクストラの先生を呼べる仕組みがありますので、それを今よりもさらに活用すべきです。英語の先生を二人に増やしたり、補助の先生を付けたりすれば、忙しさから解放され、授業の質の向上に力を入れてもらうことができます。

高校無償化より塾に頼らずにすむ教育を

各地域の教育長は、議会の同意を得て地方自治体の長が任命します。議会の同意が必要とはいえ、実際には、自治体の長が選んだ人がほぼそのまま承認されて教育長になります。ですから、各自治体の長の意向に沿った人が教育を担うことが多くなります。

杉並区の場合、田中区長の下でも教育長は山田前区長の時代と変わらず、令和元年度まで同じ人物が務めていました。しかし、その姿勢はがらりと変わりました。彼はそれまで北朝鮮に拉致された日本人救出運動のシンボルであるブルーリボンバッジをつけていましたが、左派の田中区長に代わると、バッジを外して急にリベラルなことも言い始めました。任命権者に忖度しているとも言えますが、区長の権限がいかに強いかということをよく表しています。

国の決定の範囲内で、区長の決定に従うというのが杉並区の教育の基本方針になっています。議員が介入する余地はほとんどありません。

東京都は私立高校への支援を増やして、実質的に授業料を無償化しようとしていますが、私立まで無償化することには、疑問を感じます。各家庭が苦しんでいるのは、私立高校の授業料ではなく、高額な塾の費用です。重要なことは、無償化によって金銭的な負担を減らすことではなく、小中学校の教育の質を上げて、塾に過度に頼らなくてもよい状態にすることです。

塾に通う理由としては、進学目的と補習目的があります。前者のように、今の学力より高いレベルの進学を果たすために塾を活用することは有意義ではあります。一方、後者の補習については、本来は学校の中で完結するべきでしょう。外国語には「塾」にあたる適当な言葉がなく、海外でも「ジュク」と呼ばれています。詰め込み教育を意味する「クラムスクール」という言葉はありますが、「ジュク」と言ったほうが通じるくらいです。日本のような塾がある国は、世界でも数少ないと聞いています。

たとえ塾に行く余裕が無くても、学校の勉強と自宅学習だけで、行きたい中高や大学に進学できるようにしてあげるのが一番です。そうすれば親の収入による教育格差も生まれにくくなります。

一方で、テクノロジーの発達により、最近は勉強の仕方が様変わりしています。ユーチューブには、予備校の講師が授業をしている動画がたくさんあります。非常にわかりやすく教えていて人気の動画もあります。閲覧は無料ですし、閲覧者が増えれば、講師には数十〜数百万円の報酬が入ることもあります。

英語の勉強に関しては、以前は単語帳と別売りのＣＤを買うのが一般的でしたが、今は、アプリをダウンロードできるようになっています。他にもスタディアプリが各種出ており、お金をそれほどかけずに、自分のスタイルで学習することも可能です。

過度に「横並び」を強いるリベラルで日教組的な現状の教育は、かえって全体のレベルを下げ、その結果、塾に依存しないと進学できない子供たちが増えてしまっています。適度な競争を導入し、公教育のレベルが上がれば、塾に通わせる親の負担が軽減するうえ、私立教育のレベルも押し上げていき、教育界全体で、世界における日本の競争力を高めることができます。

我が国日本の最大の資源は、「人」です。人は教育によって育ちます。人が育つには二十年、三十年を要しますので、これは今すぐ取り組むべき喫緊の課題です。

第6章 知っておきたい地方議会の実態

地方議員の報酬はどれくらい？

わが国においては、国の政治に関心のある人は多くても、地方議会については、あまり目を向けていただけないのが実情です。

しかし、一番身近な生活に関係することを決めているのは、地方議会です。地方議会がどんなふうに動いているのかを知っていただくことは、実はとても重要です。

ヘイトスピーチ禁止条例、同性パートナーシップ条例などは、地方議会で決められています。マスコミでは報道されない場合もあり、自分が知らない間に、自分の意に反する条例ができてしまうかもしれません。

少しでも地方自治体の議会に興味を持っていただきたいので、杉並区の例で、地方議会についてお伝えしたいと思います。一番関心があるのは、もしかしたら議員の報酬かもしれませんので、まずはお給料の話から。

杉並区の場合、区議の給料は一律です。杉並区のホームページによると、一般議員の議員報酬は税込み月額五十九万五千七百円（令和二年四月一日現在）となっており、東京二十三区では下から二番目に低いようです。議長、副議長、委員長、副委員長は別ですが、それ以外の議員は、五十歳でも三十歳でも給料は一緒。一期目の人も、五期目の人も同じ給料です。

ちなみに議長は月額約八十六万円、副議長は約七十八万円、委員長は約六十五万円、副委員長が約六十二万円です。杉並区では、議長は最大会派の自民党内で持ち回り、副議長は第二会派の公明党の中で持ち回りです。私の所属する小さい会派（自民・無所属・維新クラブ）の議員が議長、副議長になることは事実上ありません。

ボーナス（期末手当）は、杉並区の条例に従い、三月、六月、十二月に支給され、合計五・七カ月分くらいとされています。

計算してみると、年一千六十万円くらいです。手取りになるとそこから税が引かれるので、七百万円くらいではないかと思います。

私は、無所属で出馬しましたが、無所属の人は当選しにくいと言われており、無所属議員は多くはありません。一般的には、どこかの党に所属します。党に所属していると、例えば党員百人確保といったノルマがあったり、事実上、上納金のような形で党にお金を納めることもあるようです。

私の場合は無所属なので、党に納めることはありませんが、個人事業主でいう必要経費にかなりの金額が出ていき、次の選挙のための貯金をする必要もあるため、可処分所得は普通のＯＬさんより少し上くらいになります。つまり、議員の報酬は世の中の平均よりも多い一定以上の額面になりますが、実入りはそれほど多くないのが実情です。

また、当選回数が少ない若い議員にとってはそれなりの金額ですが、ベテラン議員にとっては、必ずしも高額報酬とは言えません。議長、副議長などにならないと、何期頑張っても給料は上がらないのが実情です。

予算や条例が成立するまで

議員は、必ずどこかの委員会に所属します。議会は委員会中心主義になっているので、議案の細かい点について審議をするのは、本会議というよりむしろ委員会です。

杉並区では、総務財政委員会（定数十人）、保健福祉委員会（定数十人）、都市環境委員会（定数九人）、文教委員会（定数十人）、区民生活委員会（定数九人）の五つの常任委

員会があり、議員は必ず五つのうちのどこかの委員会に入ります。

例えば、保育園の条例の議案が上程されると、本会議で議案説明が行われた後に、議長が「保健福祉委員会に付託することに異議ありませんか」と議員全員に聞きます。「異議なし」と議員たちが言うと、保健福祉委員会に付託されます。道路についての議案であれば、都市環境委員会に付託されます。

常任委員会のほかに、議会を運営するための議会運営委員会（定数十二人）と、特別委員会があります。

特別委員会には、災害対策・防犯等特別委員会（定数十二人）、道路交通対策特別委員会（定数十二人）、文化芸術・スポーツに関する特別委員会（定数十二人）、議会改革特別委員会（定数十二人）があります。

五つの常任委員会、四つの特別委員会はいずれも合計すると定数四十八人。杉並区議会議員は、四十八人ですから、一人の議員は常任委員会と特別委員会の二つの委員会に必ず所属することになります。その中で、委員長になったり、副委員長になったり、ヒラ（普通の委員）だったりします。会派が大きいほど、どこかの委員長、副委員長になる可能性が高まります。私は、都市環境委員会と災害対策・防犯等特別委員会に所属しており、都市環境委員会では令和二年度、副委員長を務めています。

委員会に付託された議案は質疑が行われ、採決されますが、委員会で採決するように決まったからといって条例が成立するわけではなく、その後、本会議に上程され委員長が委員会での審議を報告します。討論の後、本会議で賛成多数により議決され、初めて予算や条例が成立します。

少数派ながら戦闘的な我が会派

杉並区議会議員四十八人は、必ずどこかの会派に所属しています。

最大会派は、十五名の「自民」。次が七名の「公明」。このほか、「共産」六名、「立憲民主」五名、「いのち・平和」四名、「自民・無所属・維新クラブ」四名。それ以外に、一名だけの会派が七会派あります。「自民」「公明」「立憲民主」「いのち・平和」は、区長与党で、過半数を越えています。国政の与党野党の構図とはみごとにねじれています。

私が所属している会派は、「自民・無所属・維新クラブ」で、四名の会派です。区長与党の大きな自民会派とは別でやっていくことを決めた保守の藤本なおや議員（自民党所属）と、新自由主義者として無所属を貫く岩田いくま議員が中心となって作った会派で、そこに私（無所属）と新しく当選した松本みつひろ議員（日本維新の会所属）が加わりました。

令和元年度、「文化芸術・スポーツに関する特別委員会」の委員長を務める

平成三十一年（二〇一九）の選挙以前は、私たちの会派は五人でした。一番の先輩は佐々木浩前区議ですが、残念ながら改選で落選。もう一人、女性議員としての先輩で、非常に保守的な方だった松浦芳子議員は引退されました。

私が「親分」と呼ぶ佐々木前区議は新潟県

出身で、高校卒業時は偏差値三〇から四〇程度、志望大学の判定はすべて〝E〟で、進学率一〇％の高校から大学受験を諦めたらどうかと勧められたそうです。一念発起して慶應義塾大学に受かり、卒業して民間企業に勤めた後、新自由主義推進派の杉並区議として平成十七年に初当選。次世代の党の東京支部の事務局長もされていました。私は無所属で次世代の党の推薦をいただいたので、一番お世話になった方です。

現在、ともに活動している藤本なおや議員は、前区長の時代は自民会派に所属していましたが、「区長が変わって政策が大転換したのに、何でも受け入れるわけにはいかない」という理由で新会派を作った方で、大変意志の強い保守です。岩田議員は東大卒らしく非常に論理的な方で、あらゆるデータが正確に頭に入っているため、私の中でのあだ名は「ＡＩ」です（笑）。

私たちの会派は反社会民主主義・新自由主義の考えで結束が強く、しかも、「論理では負けないぞ」という杉並区議会で最も「戦闘力」の高い会派と自負しています。

地方行政は首長の意向でほぼ全てが決まる

市区町村には「首長（市長、区長、町長、村長）」が行政のトップとして存在します。杉並区なら杉並区長が首長、行政側のトップということになります。杉並区長も、杉並区議会議員も選挙で選ばれますが、立法側である議員よりも区長のほうが権限や影響力は圧倒的に上です。

議会に提出される議案の大半は、行政側、つまり区長が出したもので、立法側である議員が出す議案（議員提出議案）はあまり多くはありません。杉並区の例で言えば、区長の意向と、議会の区長与党でほぼ決定します。議席の三分の二を占めている自民党と公明党と立憲民主党、それに「いのち・平和クラブ」が区長側につきますから、少数派の議員の提案は行政にとって参考程度といってよいでしょう。

地方議会は、議員たちが議案を是々非々で審議しているというよりも、市区町村長が出した議案をそのまま通過させていることがほとんどです。つまり、多くの場合、地方行政は首長の意向でほぼすべてが決まります。

議員は条例案を出すことはできますが、多数会派所属の議員であってもほとんど議案を出すことはありませんし、まして、少数会派に所属している場合は、可決される見込みがないので、議案を出すことはほぼ皆無です。

それでも、私たちの会派は、議員定数削減条例の議案を出しました。

杉並区議会では、長い歴史の中で、十六年に一回ごとに、議員定数削減議案が出されてきました。昭和六十一年（一九八六）には七時間半の議論の末、議員定数が四人削減され五二人になりました。平成十四年（二〇〇二）には五時間以上の議論の末、さらに四人削減され、四十八人になりました。

平成三十年（二〇一八）はちょうど十六年目の節目でしたので、定数削減条例案を出しました。

私たちの会派は、新自由主義のスタンスで小さな政府を目指しており、歳出削減を強く打ち出していますが、少数精鋭で議論するために議員定数削減も必要と考えています。

しかし、議員はみんな落選したくないのか、定数削減の議論は盛り上がりませんでした。議案についての質問者は私しかおらず、議場は静まりかえっていました。活発な議論もなく、わずか一時間ほどの議論だけ。

賛成議員は私たちを含めて七名のみで、他会派のほとんどの議員は反対し、否決されました。

杉並区の議会の雰囲気は、一言で言うと「まじめ」「静か」という感じです。地方議会では、議員が眠っていたり、欠席したり、ひどいところになると議場にほとんど誰もいないことがありますが、杉並区議会は、必ずしも活発な議論が行われているわけではありませんが、ほとんどの人が出席して、居眠りする人も少なく、まじめに討議しています。むしろ、区長がいびきをかいて居眠りする姿が目立っているくらいです。

号泣議員が有名にした政務活動費

議員には政務活動費というものが出ます。平成二十六年、兵庫県議の野々村竜太郎議員の号泣記者会見を覚えている方もいらっしゃるでしょう。テレビカメラの前で意味不明の言葉を叫びながら〝号泣〟してみせた野々村議員は、架空の出張経費などを計上して政務活動費約九百十三万円をだまし取ったとされ、有罪判決を受けました。この不正使用事件で有名になったのが政務活動費です。

市区町村によって金額が違い、月に二万円くらいしか出ないところもあると聞きます。杉並区の場合は、月十六万円まで認められています。

自治体視察や区政に役立つ書籍などの資料購入、それに区政報告の印刷代など「広聴広報費」も政務活動費の対象です。パソコンの購入代金も半額出ますが、ただし、四年間以内にパソコンを買い換えた場合には政務活動費にならないといった細かい決まりがあります。

政務活動費の使いみちは、行政から一定の権限を与えられたオンブズマン（行政監察官）から、使い方を詳細にチェックされます。住民感覚という点で気づかされる点も多々ありますが、少々度が過ぎると思うこともしばしばです。

オンブズマンは彼らが感じる「怪しい使いみち」をあぶり出し、監査委員会に監査請求をします。政務報告の印刷物に対して、「この写真は必要なのか？」「この内容は区政に関係ないじゃないか」「コラムにはこんなことが書かれていたが、政務報告なのか」と突っ込まれ、あげくの果てには「全額返金せよ」ということになります。杉並区のオンブズマンは、なぜか左派より右派の議員に厳しいという印象を受けます。

監査には杉並区の職員と一部区議会からメンバーが入っていますが、内容が議会に関する時は議会選出委員は審議から外れ、党派性はなく、公平に監査をしてくれます。「小林議員の区政報告は問題ありません。政務活動費を返却する必要はありません」

といった判断をして、オンブズマンの言うことをはねのけてくれます。

オンブズマンは、かなり目を光らせていて細かいところまで突っ込んできます。

例えば、議員控え室の備品として筆記具を購入する場合には、半額だけ経費として認められますが、私が買ったマーカーにサンリオのキャラクター「キキララ」が付いているのを見つけたオンブズマンに「キキララは区政に関係ない。経費は認められない」と追及され、五百円のうち、計上していた二百五十円を返した経験があります。

ある保守系の先輩議員は、区政報告の郵送に、デザイン切手（キティちゃんの切手だったと思います）を使ったところ、オンブズマンから「区政とキティちゃんは無関係である」と返却を命じられたそうです。しかし、キティちゃん切手であろうとなかろうと、切手代は変わりません。私の買ったマーカーも、値段は他のマーカーと同じでした。このように問題にされているのは金額ではなく、単に粗探しをしているだけなのではないか、と感じることも多々あります。

書籍は資料費になりますが、杉並区の場合は「この本の内容がどの質問に活かされたか」ということを書いて提出しないと、政務活動費としては認められません。

このように、書類の細かい記載や、オンブズマンへの対応に、議員たちは多くの時間を費やしています。特に保守系議員は大変です。時間がもったいないので、「面倒くさいから、政務活動費は一切もらわない」という議員もいました。

私個人の意見としては、金額はもっと少なくていいので、仕事に使う経費を給与に上乗せできればいいのになと思っています。議員は現状では、経費を全てエクセルデータにし、政務活動費ファイルに領収書を一枚一枚貼り付けたり、オンブズマンと文書でやりとりするのに毎年かなりの時間的コストを払っていることになります。さらに、区議会事務局には主に政務活動費のチェックや事務手続きを行う職員が三名おり、彼らの人的コストもかかっています。一定分を給料に上乗せして、政務活動費を廃止すれば議員は仕事に集中できるうえ、職員も別の仕事に当たれます。

議員の活動は、政治活動と選挙活動に分けられていて、区政報告を印刷して配るなどの政治活動に関しては、政務活動費を使えますが、そうはいっても限度があります。印刷した区政報告を全戸配布したら、さすがに顰蹙《ひんしゅく》を買い、「どれだけ票を取りたいんだ」と突っ込まれます。

明らかに選挙目当てとみなされる活動は、選挙活動に分類され、政務活動費を使うことは認められません。よく、メディアに「議員は、給料のほかに政務活動費というお小遣いをもらっている」と批判されますが、オンブズマンもおり、使える範囲がとても狭いので、さすがに「お小遣い」と言うには無理があります。

住民の大半が「弱者」!?

杉並区では今、保育園をかなりのペースで増設しています。保育士さんが不足している中で施設だけができていく状況です。

福祉予算はますます膨らんでいます。そうなると、削らなければいけなくなるのが、教育や、産業振興などの分野です。教育について言えば、学校施設の建設費や維持費は認められても、教育の質を高めるための予算は削られている現状です。

福祉という言葉は、英語で言えばウェルフェアです。一九一〇年代頃にできた言葉で「ウェル」というのは「上手に」「うまく」という意味で、「フェア」というのは、「船旅の運賃」という意味です。

一九一〇年代初頭の船旅は、生きるか死ぬか、転覆するかどうかでした。船旅のように、生きるか死ぬかわからない厳しい人生の旅路を送っている人が、旅がうまくいくように手助けするのがウェルフェアです。

世界的な目安としては、ウェルフェアの対象者は一割、多くても二割と言われています。

ところが杉並区の場合は、半分以上の子供が保育園に入っている状態です。所得制限はありますが、保育園に入れたほうが楽で安いので、普通のご家庭の子が〇歳からどんどん保育園に入っています。保育にかかる経費は〇歳児の園児一人当たりで見ると月額四十五万円ほどであり、この多くが私たちの税金から毎月支出されていることになります。

生きるか死ぬかの船旅をしている一割のご家庭ならともかく、六、七割のご家庭のお子さんが保育園に入るのです。いずれ保育園全入時代になってしまうのではないかと思います。そうなったらもうウェルフェアでも何でもありません。弱者を救う行政サービスではなく、普通の人のための商業サービスです。

商業サービスなら、より高い適正な料金を取るべきなのに、そこに多くの税金が使われてしまっています。

これでは、保育園に入れずに自宅で育児を頑張っている親御さんたちが報われません。また、財政赤字が膨《ふく》れ上がり、財政をなんとか成り立たせるために、他の分野の重要な予算を削るか、増税するしかなくなってしまいます。

生活保護受給世帯など、収入の低い世帯の医療費を無料にすることも、問題を含んでいます。ちょっとした風邪でも、無料ならどんどん診察を受けに行くことができます。精神科で多めに薬をもらって、ネット上で販売している受給者も多いと聞きますが、これが本当のウェルフェアなのかどうか疑問です。

左派の人々は、ウェルフェアの範囲を広げよう広げようとしています。「保育園を増やせ」『保育園の定員を増やせ』『障害者の補助金を増やせ』『高齢者施設をもっとつくれ』『ＬＧＢＴの人も福祉の対象に入れろ」といった具合です。

一部の議員は「私たちは弱者に寄り添います。女性、高齢者、子供、ＬＧＢＴの権利を守ります」と言っていますが、これだけ幅を広げたら、国民の大半が「弱者」となる時代もそう遠くありません。

ウェルフェアの範囲が広がりすぎれば、自治体の財政破綻につながります。北海道では、私の生まれ故郷・美唄市の近くの夕張市が財政破綻しました。国や北海道の補助金を使って再生を目指していますが、まだ完全ではありません。私の生まれ故郷の美唄市もかなり財政が厳しいところまで来ています。美唄の産業は主に農業や酪農くらいで、大きな利益を生む産業は数えるほどしかありません。結果的に税収が増えるような産業が少ない中で、福祉の予算が増えれば、市の財政はどんどん苦しくなっていきます。稼ぐ主体がないと、国とは異なり通貨発行権を持たない地方自治体の財政は当然ながら悪化します。

区長交代でリベラル化する杉並区議会

現在の杉並区長の田中良さんは、東京都議時代には民主党に所属していた方で、最初の区長選挙には、民主党、社会民主党、東京・生活者ネットワークの推薦を受けて出馬し、自民系候補者を破った左派系の政治家です。世田谷区長の保坂展人さん（社民党系）、小金井市長の西岡真一郎さん（民主党系）と仲が良く、民主党政権で総理を務めた菅直人さんとも親密のようです。

右派系の山田前区長から左派系の田中現区長に切り替わるときには、保守系区議からかなり反発があったようです。しかし、区役所の管理職の多くは、区長が代わったとたんに新区長を支持し始めました。上司に敬意を払うのは当然かもしれませんが、管理職の方たちは、拉致被害者救出のシンボルであるブルーリボンバッジまで外しました。区長の交代によって、杉並区の行政はゆっくりと左に傾いていきました。

最初の二年ほどは、保守系区議は新しい区長に対して懐疑的でしたが、彼らも徐々に距離感を縮めていき、今はもうほとんどの議員が区長寄りです。一人ひとりに話を聞いてみると、区長の政治に対して疑問を持っている人もいますが、保守系と思われていた区議たちも、いまや社会民主主義的な議案にも諸手をあげて賛成しています。議場の内外で区長を褒め称えざるを得ない雰囲気まであるようです。

地方行政では、首長の力は絶大です。地元の国会議員一人よりもはるかに力があります。

例えば乳飲み子を抱えたお母さんが「保育園を増やしてください」と首長に直接、涙ながらに訴えたら、それだけで予算がどーんと増えて、保育園がいくつもできる、なんてこともあり得ます。

予算を増やすには、議会を通さなければなりませんが、首長寄りの議員たちが多数を占めていれば、首長の提案通りに可決されます。首長の鶴の一声で何でも決まる状態です。

もちろん、それは悪い面だけではありません。首長の信念で住民のためになる政策を推進し、実現させることもできます。

例えば、ある自治体の教育事務統括責任者である教育長や、教育委員の人選は首長が行い、議会に提案します。杉並区でも、山田宏区長の時代には、教育の質の向上を意図して、歴史に造詣の深い教育委員の方を推薦し、議会の承認を得ました。その結果、左翼の過激な反対運動が起こる中で、「新しい歴史教科書をつくる会」の教科書が採択されるに至りました（今は別会社の教科書になっていますが……）。このように、区長がリーダーシップを発揮すれば、五十六万人の杉並区民に大きな影響を及ぼします。

ふるさと納税返礼品のセンスのなさ

杉並区の財政はバランスを失した状態です。税収を増やす努力は区役所内の一部の課が行ってはいますが、ふるさと納税によって、杉並区の税収は減っています。

総務省の「ふるさと納税に関する現況調査結果」（令和元年度実施）によれば、杉並区の流出額（住民税控除額）は二十四億六千百万円にのぼり、全国市区町村の十四位。東京都では、世田谷区、港区、大田区に次ぐ四番目です。

ふるさと納税は、返礼品目当ての人もいれば、故郷や被災地のことを思う気持ちから行っている人もいますし、自分の住んでいる自治体に対する要望を反映させたくて行っている人もいることでしょう。

ふるさと納税の悪い面ばかりが取り上げられがちですが、ふるさと納税そのものは、自治体の魅力をアピールするチャンスでもあると思います。

自治体の中にはうまくアピールに使っているところもあります。「この町は、これが有名な町なんだ」と知ってもらうこともできます。「こういう名産品があるなら、今度旅行に行ったときに、立ち寄ってみよう」と思ってくれる人もいるかもしれません。制度がある以上、私は、自治体の特色をアピールするチャンスと捉えるべきだと考えています。

ところが、杉並区はちょっとセンスが残念で、杉並区の良さのアピールにつながっていません。

区のふるさと納税のパンフレットには、「杉並区は返礼品競争には参加しません」と書かれており（『競争』という言葉が嫌いなのでしょう）、返礼品は障害者がつくった品物にしています。

同パンフレットには「ご寄附いただいた方へのお礼は、すべて障害者が心を込めて作った品物です。ふるさと納税を通じて、障害者の雇用支援や障害者の方たちのやりがいにつなげています」と書かれています。さらに、「皆様に愛される製品づくりは作業所を利用する障害者の方々にとって大きな喜びであり、また励みとなっています」という障害者の作業所職員からの声も掲載されています。

ここにも〝競争はよくない〟〝福祉第一〟というリベラル気質がうかがえます。障害者の方が作っている品物は、絞り染めの雑貨や、手ぬぐいやバスタオル、小銭入れといったシンプルなものですが、本来であればもっと大胆なアイデアが必要です。例えば、おしゃれなティッシュカバーや、杉並区在住のデザイナーとコラボレーションしたカッコいいタオルなど、現代的で魅力的な商品を作ってもらえば、ふるさと納税する側も商品を作る側も、もっと大きな喜びにつながるのではないでしょうか。

「こんなに人気な返礼品を私がつくったんだ」と感じてもらうことのほうがやりがいや喜びにつながります。返礼品を受け取るほうも、「あの有名デザイナーがデザインしたものを障害を持った人が作り上げたのか。すごい」と思ってくれるはずです。日本全国の人が、「杉並、すごいね」「杉並は、障害者がクリエイティブに活躍しているカッコいい街だね」と思ってくれて、杉並区のイメージアップになります。

障害者の方たちは、返礼品を受け取った人から「つまらないな」と思われる物を作りたいのではなく、「素敵だな」と思われる物を作りたいはずです。自分の作ったものが「あまり人気がない」と聞いたら、ショックでしょう。「大人気」返礼品を作ってもらうことが、本当のやりがいにつながります。そういう意味で、杉並区の考えは偽善的で、少し浅いように感じます。

障害者の方たちはいろいろな個性と能力を持っていて、時には健常者よりももっと素晴らしいことができる可能性を秘めているのに、そこを見ていない気がしてなりません。

ガンダムやエヴァンゲリオン関連グッズはいかが

杉並区には、アニメ会社がたくさんあります。『ガンダム』シリーズを作った会社

「サンライズ」も杉並区にあり、ガンダム発祥の地と言われています。『新世紀エヴァンゲリオン』の庵野秀明《あんのひであき》監督のアニメ制作会社「カラー」の所在地も杉並区です。

ふるさと納税の返礼品として、ガンダムのポスターやピンバッジなどをつくれば、全国のアニメファンが関心を示すのに、そういうことをやろうとしません。秋葉原ほどではないにしても、アニメの街であることをアピールしていけば、アニメで街おこしもできます。私はそれを議会で提案してみました。課長や部長クラスの人は杉並区がアニメ産業の一大集積地であることを理解していて、「アニメ関連は魅力的なコンテンツなので、研究してまいりたい」と言うものの、田中区長が「うーん」という感じで乗ってきません。山田前区長時代に、アニメ施策に力を入れて街おこしをしたことがあるので乗りたくないのでは？　とも言われています。区長がうんといわなければ、課長や部長が個人的に「すごくいい。やりたい！」と思ったとしても、どうしようもありません。

私が議会で取り上げたのは、徳島市の話です。杉並区では毎年夏に高円寺駅周辺で「東京高円寺阿波おどり」というイベントをやっています。非常に人気があり、東京の代表的なお祭りになっています。その阿波おどりの本場・徳島市では、アニメとコラボして、登場キャラクターの女の子たちが阿波踊りを踊るポスターを作り、ふるさと納税の返礼品にしたことがあります。徳島市の若手女性職員が考えて提案し、採用されたそうです。

いかにもアニメファンが喜びそうなこのポスターは非売品で、数量限定、期間限定にしたこともあって大人気となり、一日当たり過去最高の六百万円近いふるさと納税が集まって、非常に大きな収入になったということです。

私は、杉並区でも職員に提案してもらってコンペをして、ふるさと納税の返礼品を考えたらどうかと提案しましたが、「競争をあおるようなことはしない、自治体間の返礼品競争に加担するようなことは、杉並区はいたしません」というような、それこそお役所的な回答でした。徳島市を見習って、ふるさと納税の返礼品のアイデアを、職員や一般区民から公募してみたらいいのに。たぶんやりませんね（笑）。

杉並区は、ふるさと納税で自らの魅力をアピールしようとする努力もせず、「ふるさと納税で住民税が流出しています」というチラシをつくって、消えかけている学校のイラストを載せ、街中の掲示板に貼り、住民を不安にさせる始末です。

ふるさと納税による減収を嘆くのではなく、ふるさと納税をチャンスと捉えて、工夫していく姿勢が重要です。ここにも、いい意味での「競争原理」を働かせるべきなのです。

第7章

ポリコレなんて、ナンセンス！

退化している人間の残念な現実

〝ＰＣ〟という言葉を耳にすると、日本人は〝personal computer〟を真っ先に思い浮かべるでしょう。しかし、アメリカやヨーロッパにおいてはまず、〝political correctness〟（ポリティカル・コレクトネス）を思い浮かべる人が多いようです。ポリティカル・コレクトネス、通称ポリコレは直訳すれば「政治的正しさ」で、差別・偏見に対して政治的・社会的に公正・中立な言葉や表現を使用するという意味で用いられます。

そもそも、道徳のレベルが高い国では、法律や条例、規則が不要とまでは言わずとも、少なくて済みます。我が国においても、人が生きるうえでのルールが「五箇条の御誓文」で済んだ時代には、それこそ五つのルールだけで社会がうまく成り立ち、回っていました。

それが、今はどうでしょうか。

「ベビーカーがバスに乗ってきたらどうするか」などという些細なこと、「障害者を差別してはいけない」という当たり前のことが国会や地方議会で議論され、法律や条例の制定に至り、その過程でじゃぶじゃぶと税金が使われているのです。「子供には優しくする」「健常者、障害者問わず、互いを尊重して共生する」、そんな当たり前のことを、さんざん税金を使った挙句にルールとして定める。それが果たして、進化し発展した人間社会の結果なのでしょうか。

私は逆に、それは人間としての退化に他ならないと感じます。

仮に社会全体がもつ共通のモラルがしっかりしていれば、法律も条例もほとんど要りません。それなのに今のルールのもとでは、様々な法律・条例を振りかざして人の心の中にまでズカズカ入ってきて、「あれはダメだ。これはこうしろ」と「税金を使いながら」、「政治的に正しく」あるよう要求してきます。

これは大変恐ろしいことです。

しかしもっと恐ろしいことは、それがまるで普遍的な正解であるかのように、一つしか考え方を認めないと言わんばかりの方向に、日本社会全体が突き進んできているることです。ポリコレの先進国アメリカやヨーロッパ諸国においては、「ポリコレ疲れ」した人々が、トランプ米大統領の歯に衣着《きぬ》せぬ物言いや、すぐに感情を表に出す素直で大胆な姿勢を大いに支持し、行き過ぎたリベラル思想に辟易してより保守思想を持つようになっています。

今、私たち日本人がすべきことは、「政治的に正しい」、かつ人の心に土足で踏み込むようなルールを作って他人を縛ることではなく、「人としてどう生きるか」という道徳の理念にもう一度立ち返ることではないでしょうか。

何よりも大切なのは道徳

では、なぜ道徳が必要か。

これには、日本人特有の性質や考え方が関連してきます。

「八百万《やおよろず》の神が国を守っている」という神道の教えが浸透している我が国においては、自然の全ての事象に対して敬意をもつのが本来の日本人の姿です。そして、八百万の神は皇室に繋がっていますが、神道の教えによると、私たち日本人はみな皇室の子孫ということになります。そのため、皇室を敬うことは、延《ひ》いては自分の家系、先祖を敬うことに繋がります。こうして、先祖に恥ずかしくないように生きようという考えが自然と根付いているのです。

しかし、今左派が様々な形で推し進めていること（イギリスのメーガン元妃がしているようなこと、と言えば想像しやすいでしょうか）は、それを断ち切って権利を押し通すことです。「森羅万象の全てを受け入れる」というアニミズムの考えに近い日本古来の考え方と、権利を主張し振りかざすという行為は根本的に相容れません。

そもそも、「権利」という言葉が重要になる局面というのは、「何らかのピンチに陥り、権利を行使しないと生死に関わる」というような状況においてのみです。「福祉（ウェルフェア）」という言葉も、今から約百年ほど前に「生きるか死ぬか危ない船旅（フェア）のような人生を、うまく（ウェル）乗り切れるように」という意味で生まれた言葉です。どちらも一時避難場所のようなポジションであり、権利や福祉という言葉が必要になるシチュエーションを常態化させてはなりません。

いま日本では、若い人たちの間に「ネオ◯◯」という言葉が流行っているようですが、新しい概念に考えなしに飛びつくのではなく、今こそかつての姿に立ち返るべきだと私は思います。いま、日本の本来の「道徳を重んじる」態勢が欧米のリベラリズムに崩され、進む方向がおかしくなってしまっています。

「イタダキマス」の精神が世界をリードする

私たち日本人の多くは、食事の前には「いただきます」を言います。たとえ、周囲に人が居らず一人きりの時でも、そう言う日本人は多いでしょう。

日本人は、命を戴くことにきちんと敬意を払うことができる民族です。「いただきます」は、「命を戴きます」という意味であり、武士流に言うと、「御《お》命《いのち》頂《ちょう》戴《だい》仕《つかまつ》る」です。この言葉は、神道の考えに基づいて言っているように思えます。神道の考えのもとでは森羅万象に八百万の神が宿るので、もちろん動物も、野菜も、お米も、食品の生産者も、ご飯を作ってくれた人も「神様」です。

一方、唯一神を崇めるキリスト教では、食べ物を恵んでくださった「神に」感謝します。

日本人は食べ物の命そのもの、生産者の方、食事を作ってくれた人、その他食事が食卓に並ぶまでに関わった全ての人に感謝しますが、他の民族や宗教と比べてみると、ここまで多くの対象に対して思いを馳せ、感謝しながら食事を摂るのは日本人以外にいないことがわかります。

私が学生時代にスウェーデンに留学した際も、食後に平気でご飯の残りを捨てようとするホストファミリー達に、「えっ、捨てちゃうんですか。」と訊いたところ、「あっ！ mottainai（モッタイナイ）ね」と日本語で皆から言われ、大変驚いたことがあります。mottainaiにしろ、itadakimasu（イタダキマス）にしろ、日本人が食べ物を大切にする理由について、単なる貧しさやエコの考え方からなどではなく、「命を戴いているからですよ」と説明したところ、ホストマザーは感心して、「そこまで考えが及ぶのは素晴らしいわね。日本人の考え方に敬意を抱くわ」と言ってくれました。

「mottainai」は、今や世界共通語に近づいています。

英語にするとIt's a waste. ですが、それだと「waste＝ごみ、廃棄物、無駄」なので、「それはゴミだね。捨てちゃおう」の意味にもとることができるので、正確に訳し切れているかというと、そうではありません。

神道の教えのもとでは、ごみのように見えるものでも、排泄物でも神様です。「ごみ」は無いのです。だからこそ、ヴィーガン（卵や乳製品を含む動物性食品をいっさい口にしない完全菜食主義）の押し付けは日本に合いません。

ヴィーガンの考えを初めて知った時に、私は「欧米はなんて遅れているんだ」と呆れたくらいです。日本人は、太古の昔から食べ物と材料に感謝しているからです。そもそも、人が何を食べるかは自由であるべきです。個々人が好きなものを食べたらいいのです。人に強要したり、ライフスタイルに落とし込むのはやっぱりおかしい。それどころか、「ていねいな暮らし」「持たない暮らし」など、それがまるで最先端であるかのようにカッコよくネーミングし、「こういう暮らしをしないのは遅れているんだ！」と周りに思わせる。本当に遅れているのはどちらなのでしょうか。

人は自分たちと周りが幸せになる為に生きているはずであるのに、これでは本末転倒です。

日本人の宗教観

特定の宗教を信仰している日本人は二、三割と言われていますが、先述したように、やはり日本人には神道の教えが沁みついていると思います。日本では森羅万象に神が宿ると信じられているからこそ、夏になれば当然のようにお祭りが開かれ、そこに当然のように人が集まります。

　災害が多い我が国において、自然は克服する対象ではなく、敬意を払い共生する相手です。自然だけではなく、先祖や古いものも大事にします。この考えをもつ国民は、世界的に見ても少数派のようです。

　因みに、お隣の韓国は過去を蔑ろにする文化のようで、例えば親族の誰かが亡くなったら、「死＝穢れ」という考えのもと遺品を全て焼却するそうです。まさに行き過ぎた「断捨離」です。また、古いものは悪いものという考えがあるため、日本に多数ある二百年ほど続くような老舗の店が、韓国には一軒も無いそうです。

　日本人の宗教観においては、モラルや政治的正しさの押し付けは存在せず、自然に敬意を払い、様々なものとの調和を大切にする文化が根付いているのです。

　インドなどの国に多いヒンドゥー教徒も神は万物に宿ると考えているため、日本人の考え方と類似点があります。そのため、日本人やヒンドゥー教徒の方の多くからすると、昨今騒がしい環境論者（グレタ・トゥーンベリさんなど）の言っていることには疑問を感じざるを得ません。もともと環境を大切にしている民族は、「環境を大事にしよう！って、当たり前じゃん。今更なんなの？」と思ってしまうのです。

日本人の七割近くは無宗教ですが、それは日本が先進的な国であることを示しています。もうお気付きかと思いますが、それこそが道徳であり、日本人の中に根付いているものなのです。それを我々日本人が内から思い出すことが重要であり、改めてルールという形で明言化すべきものではありません。歴史を見てみれば、日本人がそんな様子であったので、キリスト教を広めようと来日した宣教師が諦めて帰ったのは、納得できますね。道徳は強し、です。

「ステルス左翼」にご注意！

日本人の道徳観についてお話ししたところで、ここで新しいリベラルの姿、「ステルス左翼」（小林ゆみによる造語。隠れ左翼、おしゃれ左翼）について触れたいと思います。前述した通り、北海道の素朴な町から大都会・東京にやってきた私は、他人の発言の真偽を疑うことを知らず、「人が悪意から嘘をつく」ということを想定すらしていませんでした。

まずは大学に入学するなり、キャンパス内で「留学生と日本人の交流パーティーをしょう」という名目で、宗教の勧誘の洗練を受けました。断っても断っても二年間もの間、信者の皆さんが追いかけてきて、恐怖を感じました。続いて、友達になろうと言ってくれた可愛らしいエステティシャンの女性から「エステの施術中の写真モデルになってほしいな」と言われ、喜んで銀座のお店まで行ったら、そのお店のスタッフ数人に囲まれて百万円以上のエステコースの勧誘を受け、「うちは貧乏なのでお金が無いんです！」と言って逃げ帰ってきました。また、お菓子作りが上手い友人に憧れて入ったお菓子作りの教室では、口の上手い自称パティシエさんに余分な代金をがっぽり取られるなど、とにかく周囲の人たちに騙され続けるという経験をしました。単に私がボーッとしていて、騙されやすかったというだけかもしれませんが……。似たような経験をした同郷の友達と、「東京は恐ろしいところだね。気を付けようね」なんて、夜な夜な電話で話したものです。

宗教の勧誘、商品やサービスの営業をする側は、自分たちのやっていることが正しいと信じているのであれば包み隠さずに「私たちはこういう宗教団体で、こういう教義なんだ。是非一緒にやらないか」と、堂々と勧誘すべきではないでしょうか。それができないのは、騙していることに他なりません。

しかし、この「騙され続けた」経験から感じた疑問は、後に私が議員になってからの活動における大きなテーマとなります。

私は保守派の政治家ですが、リベラルな思想自体を否定する気はありませんし、それが合う時代や国もあるのではないかと思っています。そのため、リベラルな思想をもって、そのうえ他者を必要以上に批判せず、明るくカラッと生きている人たちに対しては何とも思いません。

しかしながら、最近の左派は「カラッと」していないのです。

「動物の幸せのため」と謳いつつ他人の権利を制限してくるヴィーガンや、「過去の無駄なものはどんどん捨てよう」と周りに強要するような断捨離に過度にハマるミニマリストなど、響きの良い言葉や概念を隠れ蓑にして左派活動を行っている人々には、モヤモヤした気持ちをもって見ていました。そして、前述したように、信じていた人に騙された学生時代に抱いたのと同じ憤りを感じていることに気付きました。

私のように「信頼していた人に騙される人」を一人でも減らしたいと思い、SNS、インターネット番組などで発信し始めました。後に私が「ステルス左翼にご注意！」という講演会を開くことになったのも、この学生時代の経験があってのことです。

「釣りはいけない」「日本人は野蛮だ」と言う意図

様々な形で「隠れて」活動する「ステルス左翼」ですが、彼らが意図するものは一体何なのでしょうか。

例として、動物保護団体の一つであるＰＥＴＡを取り上げます。ＰＥＴＡは「People for the Ethical Treatment of Animals（動物の倫理的扱いを求める人々の会）」の略称で、「ＰｅＴＡ」と略してピタ、ペータと読むこともあります。この団体は、日本の大人気ゲーム「どうぶつの森」に対しても様々な注文をつけています。

彼らがまず問題にしたのは、ゲーム内の「釣り」についてです。「魚を釣るという行動はヴィーガンではない。釣りは現実でもすべきではないので、ゲームの中でもすべきではない」と主張しています。「ゲーム内の魚は痛みを感じないが、釣り自体が生物や地球にとって有害である。魚の権利を奪うだけでなく、寄付して博物館に飾る行為も絶対にあってはならない」としています。

同団体はこれ以前にも、日本のゲームシリーズ「マリオ」に対して、「タヌキマリオ

ステルス左翼に利用されやすいトピック

ジャンル	トピック（キーワード）	本当の狙い
権利系	平和・反戦、難民、沖縄、アイヌ、在日外国人、労働者、子供、女性（フェミニズム）、障害者、LGBT、芸術	補助金依存、夫婦別姓、家庭崩壊、行きすぎた「平等」、政権批判
エコ系	環境保護、動物愛護、断捨離、ヴィーガン、昆虫食、人間食	経済成長鈍化、自らの団体や企業の金儲け、伝統やモラル破壊
ハイブリッド系	まちづくり	政権転覆

は、マリオがタヌキの皮を剥いだ結果だ！」と批判を展開したりしています。

ここから一つ確実に言えることは、ＰＥＴＡは日本のテレビゲームが大好きで、かなりやり込んでいるということでしょう（笑）。ただ、こういった身近でとっつきやすいテーマ、優しそうで聞こえの良い言葉から、自分たちの主張が正しいと刷り込んでくるのがステルス左翼の手法なので、侮れません。

また、国際的な動物愛護団体としては、シーシェパードも有名です。しかし、彼らの主張はかなりのダブルスタンダードに基づいていると言えます。

彼らの主張を要約すると、「鯨は可愛くて知的レベルの高い生物だから、捕って食べるな。日本人は野蛮だ」というものです。

しかし、日本と同じく食用の捕鯨を行なっているデンマーク、アイスランド、ノルウェーなどの北欧諸国やロシアには、全く文句を言いません。

また、動物の研究者によれば、鯨よりも豚の方が賢いという見解もあります。豚は、犬にはできない「鏡像認知」（鏡に映った像が自己の像であると認識すること）が可能で、近年ではその知能はチンパンジーとほぼ同等という考え方が一般的となってきました。

さらに、鳴き声で様々な種類のコミュニケーションを取りながら社会生活を送ることができ、記号言語を理解し、過去の間違いを学ぶので同じミスは二度と犯さないよう行動するといいます。

シーシェパードが日本にしか文句を言わないのは、アジア人を見くびっているからでしょう。

また、「豚を殺すな！」と言わないのは、自分たちが豚肉を食べたいからでしょうね。呆れたダブルスタンダードです。

これでもうおわかりかと思いますが、ステルス左翼の狙いは「世の中を正常化すること」とはかけ離れています。「自分たちの言い分を通して世間をねじ伏せたい」、これに尽きるのです。

ジェンダー・ギャップ指数は欧米の価値観に過ぎない

二〇一九年十二月に世界経済フォーラムが男女平等の度合いを示す「ジェンダー・ギャップ指数」を発表しました。メディアは「日本は百五十三カ国中、百二十一位で、過去最低」「先進国でも最低」などと報じています。

政治分野トータルでは百四十四位で、国会議員の男女比百三十五位、閣僚の男女比百三十九位となっています。

しかし、ランキングはどうあれ、昔と状況は大きく変わっています。昔は二十代後半の未婚女性を「売れ残り」とからかう人もいましたが、今ではそんなことは誰も言わなくなりました。昔のドラマを見ていると、「えっ、こんなことが許されていたの」というセクハラがたくさん出てきますが、今は違います。

「セクハラと言われないように」気をつかっている日本人男性が、世界基準からみてそれほど少ないとは思えません。昔より格段に良くなっているのですから、世界で何位だろうと、あまり気にする必要はないのではないでしょうか。

「ジェンダー・ギャップ指数」のランキングでは、一位アイスランド、二位ノルウェー、三位フィンランドと、北欧諸国が上位を占めています。四位は私が留学していたスウェーデンです。

でも、スウェーデンに住んでみると、「平等イコール幸福ではないな」というのが実感でした。「平等」という言葉に苦しめられている女性をたくさん見ました。男女平等ですから、どんな状況でも女性は働きに出なければなりません。女性が活躍しているというよりも、生活のために出かけていくという感じです。

外で働くだけで男性も女性も疲れ切ってしまうのかもしれませんが、家事は他人任せという家庭がけっこうありました。夫婦が仕事に出かけると、家に掃除の人が入っていく光景をよく見かけました。

中には仕事第一の女性もいましたが、大半はそうではありません。女性が働きに出るのは、主に生活のためです。夫婦がともに働きに出ないと生きていけない状況は、本当の豊かさとは言えないのではないでしょうか。家のことはお金を払って他人にやってもらうというのも、防犯面・安全面で懸念や問題点があります。

私は、専業主婦という生き方も可能な日本のほうに豊かさを感じます。専業主婦が許されるのは、夫の収入だけでやっていけるということであり、豊かな生活をしている証拠です。

若い女性の中には、「専業主婦になりたい」という人がたくさんいます。一方で、「結婚する相手には専業主婦になってもらいたい」と思っている男性も多いはずです。「俺が稼いでくるから、家をよろしく頼むよ」というのは、きちんとした収入があるということ。夫婦がともにそれを希望していて、その生活が成り立っているなら、フェミニストや外国からとやかく言われる筋合いはありません。外国の人は、夫の稼ぎだけでやっていける日本のことがうらやましいのでしょう。

東京外大のロシア語学科在学中に、「家族を紹介しましょう」という授業がありました。「うちの母は、専業主婦です」と言おうとした男子学生が、女性のロシア語の先生に「専業主婦って、なんて言うんですか？」と質問しました。先生は「は？」と言ったまましばらく黙ってしまって、「専業主婦なんていう言葉は、ロシア語にありません」と答えました。

先生が「私は教師。私の姉は皮膚科医。妹はピアニスト。専業主婦なんて、日本だけよ」と言うので、みんなショボンとなりました。

私たちの世代は、母親が専業主婦という人がけっこう多いので、「別に専業主婦だっていいじゃないの」と言いたくなります。「専業主婦」も「職業」の一つとみなすことも可能でしょう。

専業主婦叩きの末に社会が得るものは「保育の崩壊」

二十一世紀に入った頃、日本国内で「カッコいいキャリアウーマン像」が雑誌やドラマなどで持て囃されましたが、その一方で専業主婦が「夫に寄生している」「働かないなんておかしい」と（特にインターネットの掲示板などで）貶《おとし》められる風潮が出てきたのを覚えています。これは、グローバリゼーションという言葉が流行り出した頃と時を同じくしています。海外では専業主婦はあまりおらず、多くの女性が何らかの仕事に就いているという情報が日本中を駆け巡り、「今は女性もキャリアを追い求めるのがカッコいい」と刷り込まれました。男女雇用機会均等法の施行から一定の時間も経ち、これから就職するという若者たちの間にも男女平等の考えが定着し、日本人全体がそういったムードに傾いていました。

そして、保育や介護、家事など、従来家で行っていた仕事をアウトソーシングする人がどんどん増えていきました。

しかし、それらのアウトソーシングがあまりにも増え続けると、社会のバランスが崩れてしまいます。保育を例にとると、「保育士さんが提供してくれる保育サービス（ソフト）や、保育施設（ハード）は無限ではありません。そしてその保育の費用の殆どが、我々が払う税金で賄われています。例えば、前述した通りゼロ歳児の保育には、月に一人当たり四十五〜五十万円のコストがかかりますが、保護者が払うのはほんの数万円です。残りは我々が払う税金から出ているということになります。その保育園児が、今や自宅で育てられる子供たちより多数派なのですから、増税しないとやっていられないという財務省の考えも、さもありなんと言わざるを得ません。もちろん、保育園を利用しないと生活できない、という方はどんどん利用すべきです。

ところが、本来はそのような役割であったはずのものが、現在は保育園が増えに増え、無償化施策も始まり、在宅勤務の方でも専業主婦の方でも預けられる「無料（または格安の）託児所」となってしまいました。しかし仮に今後、保育士さんが足りなくなり、自治体や国の財政難で保育施設も用意できないとなると……。そして今、保育園に預ける人が多過ぎること、また新型コロナウイルス感染拡大による国や自治体の財政難により、それに近い状況になりつつあります。将来に待っているのは、医療の崩壊ならぬ保育の崩壊です。

大学時代のロシア人の先生が「ロシア語に専業主婦などという言葉はない」と答えたエピソードを先ほどお話ししましたが、世界の離婚率ランキングを見ると、ロシアがトップをひた走っています。結局、ロシアでは上手くいっていない家庭が世界一多いということです。「個々人が仕事し、子育てや介護などをアウトソーシングする社会」は本当に幸せで日本が目指すべき姿であるのか、甚だ疑問です。

日本政府が推し進める保育料の無償化施策は、国全体で遠回しに「専業主婦叩き」をしているようなもので、共働きを推奨しているとしか思えません。「子育てに専念したい、子供が親離れするまで子供の傍にいたい」という夫婦の思いや努力や頑張りが認められない社会が作られつつあります。日本政府は、幼児期の親と子の関わりを減らしたいのでしょうか。

しかしここに来て、新型コロナウイルスの感染拡大に伴い、多くの保育園児たちは、エッセンシャルワーカー（医療、警察・消防、公共福祉、銀行、食品関係者など、緊急事態にも社会の機能を維持するため最前線で働く労働者）の子供以外は暫く自宅待機となりました。保育園に通うことを禁じられているのに保育料を払い続けなければいけない親御さんもおり、不満が噴出しています。一方で、どうしても預からざるを得ない子供たちもいるため、保育士さんも子供たちも感染リスクに怯えながら保育園での時間を過ごしており、さらに園内感染防止のため莫大な税金が投入されています。

保育が、本来の「福祉（全体の一割ほどが対象）」から「サービス（誰でも利用可能。杉並区では全体の約七割の子供たちが入園）」と拡大してしまった結果、様々な問題が発生しているのです。これは新型コロナウイルスのような感染症流行の際のみならず、地震などの災害時においても当てはまります。「公が事業を広げ過ぎた」結果、同じような問題が折に触れて起こるでしょう。

このように保育のあり方が見直されている今、行政や国に必要以上に頼らず、自宅で子供たちを育てる専業主婦の皆様の素晴らしさが浮き彫りになってきました。保育の必要性が限りなく低い場合においてすら「保育園に入れるのが当然」という風潮を、いま一度考え直す必要があります。

保育園に子供たちを入れたいと主張する親御さんたちの中には、「子供の権利のため」「子供の幸せのため」と言う人が一部いますが、こういった人たちを私は「ステルス左翼だな」と思って見ています。彼らは、子供たちよりも自分を優先させたいという意図が見え見えです。切実に保育園を必要としている人たちの声を届きにくくする、やっかいな存在でしかありません。

ソフトな言葉で世の中を蝕む社会主義

心にもないポリコレ思想を高らかに叫び、周りを「オルグ」していくステルス左翼。その正体は、昔からいるただの社会主義者・社会民主主義者に過ぎません。

私たちはそもそも生まれながらの権利を有しており、そのうえでそれぞれが自分の人生の形を築いて生きているはずです。それなのに社会主義者・社会民主主義者は個人よりも集団の利益を優先する。彼らの言う通りにしたら個々人は人間性を失ってしまいます。現在、日本の政治や主な思想は、欧米の流行に流され、社会民主主義に傾きつつあります。

「なんか最近、生き辛いな。言いたいことも言えないし。増税ばかりされるけど、一体誰がその恩恵を受けているんだろう?」と感じませんか。

長い人類の歴史の中で失敗し、否定されてきた社会主義が、いま形を変えてソフトで「意識の高い」言葉で、平等という名のもとに広がり始めています。

平等という言葉は、それが即ち幸せを意味するものではありません。人間、生まれる国も地域も親も顔かたちも、みんな異なって生まれてくるのですから、無理して過度に平等を目指すと社会が歪《いびつ》になってきます。差があることを認めたうえで、「では皆がより良く生きるためにはどうしたらいいかな」と考えることが自然かつ健全な在り方です。

平等、権利、平和。

これらは、理想を追い求め過ぎると逆効果を生む概念です。

まずは今生きている人たちを大切にし、将来も皆が幸せになれるようにするには、自然を愛し、個人の意思を尊重し、最低限度のルールのもとで、一人一人が道徳心をもち、自由な世界を目指すべきです。

第8章

日本的道徳心が試される

チャイナマネーにどっぷり浸かる国連機関

二〇二〇年に入り、新型コロナウイルスの感染拡大が続くなか、中国共産党以外に世界中から非難を浴びることとなった人物がいます。世界保健機関（WHO）事務局長のテドロス・アダノム氏です。彼はウイルス対策に関して中国を絶賛し、その発言は中国国営メディアで繰り返し取り上げられました。「中国は疫病発生源の地域において、とても強力な行動を取りました。これは英雄的な行為であり、中国のその行動が世界をより安全にしているのです」と中国共産党の対応を絶賛している映像が、美しいBGMと共に放送されました。

また、テドロス氏は中国への渡航禁止措置を取った多くの国（特にアメリカ）を、「国際的な旅行や貿易を不必要に妨害する措置には根拠が無い。我々は、証拠に基づいた一貫した決定を行うよう、全ての国に要請するものです」と批判しました。

テドロス氏は、マルクス主義に根差したエチオピア人民革命民主戦線の主要な政党の一つ「ティグレ人民解放戦線」のリーダーでした。もともと〝ド左翼〟な思想を持った人物というわけです。

それに加え、今回の新型コロナウイルス感染症がきっかけとなり、ＷＨＯの組織内部が腐敗していることが明らかになりました。

二〇一七年、テドロス氏と中国最高指導者の会合があり、その後ＷＨＯは中国から新たに莫大な資金提供を受けました。さらに中国は、約八千万ドルをかけてエチオピアで「アフリカ疾病予防管理センター」本部の建設を推進しました。テドロス氏の故郷であるエチオピアに、ＷＨＯは多額の出資をしているということです。世界中で渡航禁止措置が敷かれるなか、エチオピアからは中国への飛行機が飛び続けていたことが、全てを物語っていますね。

アメリカ政府は二〇二〇年二月、「アフリカ疾病予防管理センター」において、アフリカ大陸全体が持つ、莫大な量の遺伝子情報を盗むことを目的としたスパイ活動が為されるに違いない」と批判しました。中国共産党は、テドロス事務局長の地元にチャイナマネーをたっぷりと注ぎ込み、そこを自分たちのスパイ活動の拠点とするのでしょう。

また、ＷＨＯは、「我々は新型コロナウイルスに関するデマとも戦っています」と表明しており、グーグルと協力して、YouTube（ユーチューブ）にも大きな影響力を行使しました。アメリカでユーチューブを開くと、新型コロナウイルスに関して最も信頼できる情報源として、WHOへのリンクが表示されるのです。また、ユーチューブで新型コロナウイルスの事実について言及する動画を見つけると、その広告を剝がして無収益化し、自らに都合の悪い真実の情報から私たちを遠ざけました。

病気の撲滅のための研究、適正な医療と医薬品の普及を目指すはずのWHOが、こんな情報統制をしているとは、さすがは情報統制・隠蔽で名高い中国共産党の息がかかった組織ですね。

他にも、世界貿易組織（WTO）、世界銀行集団（World Bank Group）、国際連合食糧農業機関（FAO）など、数多くの国連専門機関の幹部には、中国共産党のメンバーが送り込まれています。

日本のほとんどの教育現場では、「利益追求を目的としない」WHOやWTOなどの国連専門機関を信用し、敬意を払うべきであると教えられますが、実態は真逆というわけです。これからは学校で、多くの国連専門機関がチャイナマネーにどっぷり浸かって利益を享受していることを教えるべきではないかと思います。

コロナ情報公開に消極的だった北海道知事

新型コロナウイルス感染拡大に関し、私が疑問視していることがもう一つあります。それは、都道府県知事のリーダーシップについて。特に国民全体の世論と実態が大きく乖離していると感じたのは、北海道においてです。

北海道で初めて新型コロナウイルスの感染者が確認されたのは、令和二年一月二十八日、中国の春節（旧正月）の三日後でした。感染者は一月二十一日に中国・武漢市から北海道を訪れた四十代の中国人女性であり、この時点で国内で確認された感染者は五人となりました。

北海道庁はその日の夜、感染症危機管理対策本部会議を開きましたが、この時点では「中国や海外からの感染流入を防ぐ」という方針が確認されたものの、道庁の対応も、手洗いの徹底などの注意喚起にとどまっていました。しかし、大勢の中国人が押し寄せる春節前にその方針が固められ、海外からの北海道入りが厳しく管理され、新型コロナウイルスの検査がしっかりと為されていれば、この感染者に対しても北海道入りを拒否できていたはずです。

道内二人目の感染者が確認されたのは、二月十四日。雪を見ることが好きな中国人に大人気の「さっぽろ雪まつり」が、二月十一日に閉幕した直後です。鈴木直道知事は十四日の会議で「的確な情報発信が必要」と発言しましたが、二人目の感染者についいて公表されたのは「道内在住の五十代男性」という情報のみ。北海道保健福祉部は「北海道の判断」として、職業や行動歴などの情報開示を拒みました。これに対して、あまりにも情報が少ないことに多くの道民から怒りの声が寄せられました。すると、鈴木知事は十七日に慌てて会見を開き、「日本国籍、自営業、石狩振興局管内」という三つの個人情報を公表しました。

二月十八日には札幌市に住む感染者が出て、道内三人目の感染者となりました。十九日には、道立衛生研究所で道内四人目となる感染者が確認されました。そのいずれも、同庁は感染者の公表を渋り、その対応に不信感を持った札幌市長、七飯町長が、それぞれ北海道庁より先に感染者の情報を発表するに至りました。リーダーシップがあると言えるのは、ここで言えば明らかに市長、町長の方です。

真のリーダーシップを見極めよう

しかし、そもそも、感染症の情報の公表は都道府県知事の仕事です。感染症法では、以下のように定められています。

（情報の公表）
第16条　厚生大臣及び都道府県知事は、第12条から前条までの規定により収集した感染症に関する情報について分析を行い、感染症の予防のための情報を積極的に公表しなければならない。
2　前項の情報を公表するに当たっては、個人情報の保護に留意しなければならない。

北海道庁は「感染症の予防のための情報を積極的に公表」するどころか出し渋ることで、道民は正確な情報にアクセスできず、危険な場所に知らずに出向き、逆にさほど心配が無い点（周囲に人がいない野外で歩くことや、日用品の買い溜めなど）で必要以上に不安になってしまいました。

そして二月二十日、さっぽろ雪まつり会場の事務所スペースで事務作業を行っていた四十代男性が感染し、道内五人目の感染者として確認されました。雪まつりは中国人が多く訪れることで有名ですから、当時の状況を考えると新型コロナウイルス感染症のリスクが高過ぎます。令和二年は、暖冬の影響から雪が少な過ぎてもともと開催が危ぶまれていたのですから、新型コロナウイルスのことも考慮し、北海道として最初から開催中止の働きかけをすべきであったと思います。二月二十五日には、感染者数が都道府県別で全国最多になってしまいました。

その後の鈴木知事の動きは、マスコミで報じられたように、全国に先駆け、小中学校の一斉休校を教育委員会に要請し、二十八日には緊急事態宣言を発令しました。

その対応について、テレビ等の視聴者から「総理より頼りになる」「スピード感がある」「イケメン」などと絶賛されていましたが、こうして時系列で見てみると、決して決断力やスピード感があったわけではないことがわかります。年明けから既に新型コロナウイルスについてマスコミで報道されていたにもかかわらず、春節や雪まつりで中国人をはじめとする海外旅行客を呑気に北海道に入れておいて、感染者数が全国最多になってから急に焦り出す。今までにほとんど例が無かったことであるとはいえ、行政としての危機感が無さ過ぎました。

世間で絶賛されていた、北海道内の検査数が多いということについても、札幌市内に札幌市と北海道の検査所が二つあるためであって、行政として北海道が特別な措置を行ったわけではありません。

それどころか、知事は個人情報保護を気にし過ぎるあまり、道民から「命に関わる情報を隠蔽している」という誹《そし》りを免れることができませんでした。情報は、適度に公表する方がかえって安心でき、信用が生まれるものです。

マスコミ報道に惑わされるな

新型コロナウイルスに関して北海道の例を見てきましたが、杉並区においてもリーダーである区長のやり方に賛否両論が上がっています。

杉並区は東京オリンピックに向けてパキスタン・チームの事前キャンプを受け入れ、これを機にホストタウンとして継続的な交流を推進すべく、二月二十六日に宣言署名式を行いました。その席で、田中区長は「コロナには、アルコール消毒が一番。今日は飲みましょう！」とスピーチしています。また、三月に行われた予算特別委員会での答弁でも、コロナ関連の冗談を飛ばして笑っていました。

それが一転、四月二十日の区議会臨時会で補正予算案を出し、区内医療機関における医療崩壊を防ぐために総額約二十四億七千八百万円の税金を投入することになりました。

自治体からの医療機関への支援施策自体は是非すべきであるため、我々の会派としても議案に賛成しましたが、それから数カ月に渡り田中区長は数々のテレビ番組に出演し、杉並区のコロナ対策の素晴らしさをアピールし、それを誇るためか小池都知事を批判しています。

テレビの視聴者からは、「杉並区長、リーダーシップがある」「政府や都よりスピード感がある」「イケメン」など絶賛の声が上がったそうですが、私から見ると「三月まで全然危機感が無かったのに……」と白けてしまいます。

このように、政治的リーダーに対する日本全体での評判と、地元民の感覚は全く異なるということがあり得るので、マスコミの報道を見てすぐに批判したり称賛したりすることは、マスコミ報道によるミスリードの結果という可能性があります。

色々な立場の方の意見を聞き、自ら情報を集めて、マスコミ報道に惑わされないようにしたいものですね。

いざという時に人の本質がわかる

新型コロナウイルスの感染が拡大したことで、世界中で様々な経済活動がストップしました。

日本では、多くの国民が日常生活における行動や経済活動を自粛し、感染の収束を待って日々耐え忍ぶ一方で、一部の芸能人たちが政府に補償を求めて、直接、あるいはＳＮＳで声をあげ、皮肉にも「道徳と何か」を考えさせられる良い機会となっています。

令和二年五月二十二日、女優・渡辺えり氏が衆議院第一議員会館で、文化芸術復興基金設立の要望書を、文化庁など三省庁の関係者に手渡しました。

渡辺えり氏は、日本国憲法の改正阻止を目的とする市民団体「九条の会」の賛同人に名を連ねており、『しんぶん赤旗 日曜版』(二〇二〇年一月二十六日号)に登場し、反戦の思いを語ったこともあります。どうやら日本共産党の支持者のようです。

一般的に芸術の世界に左派が多いことはよく知られていますが、杉並区においても、区が区民税を投入している「座・高円寺」という芸術会館において『憲法くん』という護憲派による反戦劇が長らく行われていたことがわかり、令和二年の杉並区第一回定例会で大きな問題となりました。

芸能界や芸術界には、一部ではあると思いますが、税金を使って自分たちの活動を補償・補填してもらおうという考えの方が確実にいるようですね。芸能人が政府に補償を求めるという行動は、彼らの高すぎる自己評価や選民意識から来ているのでしょうが、その他にも新型コロナウイルスの影響により、日本の芸能界が抱える様々な問題が浮き彫りになりました。

トピックについて自ら調べることなく、不勉強から誤った内容をリツイートしたり、マスコミの捏造報道(若者は外出自粛を守っていない等)を信じてワイドショー内で国民を批判したり、挙げ句の果てに国内で最も感染者数が多かった時期に沖縄に行ったり合コンを開いたりなど、呆れるような軽率な行動をとる芸能人が目立ちました。

ふだん政府や議員を批判ばかりしている人たちは、補償を求める際も人一倍声が大きい傾向があるため、反政府系の芸能人も、ここぞとばかりに政権批判と併せて「補償クレクレ」を叫びました。長年続く某チャリティー番組のように、「愛は地球を救う」の美名のもとに視聴者から寄付を募りつつ、自分たちはしっかり出演料を貰うようなことも珍しくない業界ですから、自己中心的な考え方と浅ましさに今さら驚きもしませんが……。

一方で、X JAPANのYOSHIKIさん、GLAY、ももいろクローバーZ、浜崎あゆみさん、紗栄子さんなどのように、医療機関や基金に多額の寄付をしたりマスクを送られたりした方々や、補償に頼ることなく、自分の力でできることを行動で示してくださる方も芸能界にはいらっしゃいます。見習うべき行動を取ってくださる方とそうでない芸能人が、今回の騒動ではっきりしました。

改めて問われるテレビと著名人の評価

二〇二〇年三月、国際オリンピック委員会は東京五輪の延期を決定し、出場予定のアスリートたちは夢の先延ばしを余儀なくされました。ロンドン五輪のフェンシング銀メダリストの三宅諒選手もその一人ですが、彼は宅配バッグを背負い、飲食店の出前サービス「ウーバーイーツ」の配達員をしています。

「生活費を貯金から切り崩すという形になるため、自分の生活費を自分で捻出する必要がある。また、体力面の低下、筋力面の低下を少しでも防げるのではないかと思って始めた」とのことです。

三宅選手には、複数の企業が支援を申し出ていましたが、「練習場が閉鎖され、なおかつ試合すら行われない。そういう状態のなかで、自分がオリンピック選手になれるかどうか、まだはっきりしないのに支援をお受けするのは少しおこがましいなと思った」という理由で、三宅選手は申し出を断ったといいます。

多くの芸能人や有名人、著名な芸術家たちが政府を批判し補償を求めるなか、自主自立の精神で行動する三宅選手は、私たちがお手本とすべき生き方を示してくださる有名人の一人であると思います。

日本一有名なＹｏｕＴｕｂｅｒ（ユーチューバー）のヒカキンさんも、医療に従事する方を支える「コロナ医療支援基金」を立ち上げ、ご自身も一億円の寄付をしました。

その後、人気ユーチューバーたちのコロナ対策支援が相次いでいます。

その一方、「五月（十七日）の原宿の様子」と言って、緊急事態宣言発令前の人混みの多かった三月の時の映像を意図的に放送（フジテレビ「バイキング」）するなど、明らかな捏造報道が目立つテレビ業界。フェイクニュースに踊らされ、日本政府と日本国民を非難する芸能人やコメンテーターたち。若者のテレビ離れが進む昨今、道徳心を欠いた言動を繰り返す一部の芸能人と、確信犯的な報道を続ける番組がテレビ離れにさらに拍車をかけています。

まともな感覚と日本人的な道徳の観念を持った著名人、芸能人、アスリート、ユーチューバーの方々は仮にテレビが無くても成功するであろう人たちばかりです。

今後は、情報発信の在り方や著名人の評価も、「道徳的か否か」という軸で見直されていくでしょう。

あとがき――しくじり先生、議員になる

この本では、左翼洗脳に気付かないおバカだった（純真無垢、とも言う…？）こと、大学に落ちてしまったこと、言葉足らずで大炎上してしまったことなど、等身大の自分について書きました。

今思えば、失敗ばかりの人生でした。「しくじり先生」そのものです。あまり面白くないので本編には書きませんでしたが、虐待や暴力、いじめを受けたことから鬱病になり、自殺未遂を三回したことも（全て失敗に終わりました）。この本を書いている今は三十一歳ですが、人生の濃度が異様に高く、何だかもう還暦くらいまで生きているような気がします（笑）。

田舎生まれで、実家も貧しく本人の手取りも少ないからお金が無い。才能も無い。地頭も良くない。あくせく働いて、ガリ勉して、やっと普通のレベルに達することが

できるような人間でした。たとえ失敗したとしても失うものが何も無い私だからこそ、政界に飛び込むという無謀なことができたのかもしれません。

しかし、「ひょっとして、北教組の左翼教育が無いところで生まれていたら、教育レベルが高い地域で育っていたら、民主党政権下じゃなかったら、正直者が救われる社会だったら……もう少しまともな生活を送れたのではないかな」とも考えました。今となっては、私の場合はそういった状況下で生まれ育ったからこそ、それに対するアンチテーゼとして、現在の政治活動をできているのだと感じられますが。

ともあれかくもあれ、この本で皆様に伝えたかったことは、「失敗ばかりでも良い。逆境には必ずチャンスがある」ということと、「その失敗の一部はひょっとしたら、教育や政治、社会構造やメディアのせいかもしれない」ということです。

人生における躓《つまず》きや失敗は、何かに気付かせてくれるチャンスをはらんでいます。それを確実に掴み、前を向いて生きましょう。たとえ一時的に周りに批判されたとしても、自分の中にある道徳心に沿って生きることで、必ず仲間や支持者は増えていきます。

そして、何か失敗したり他人に非難されたりしたら、自分の落ち度を反省すると共に、そもそもの社会構造や世論に問題がある可能性もあることを思い出してください。一見、責任転嫁のように見えますが、今の世の中は「正直者が馬鹿を見る」社会であり、明らかにおかしいとしか言いようがありません。日本人らしく、「お天道様に見られても恥ずかしくないように」生きることが大切なので、仮に周りにいる人達が何か間違った考えに取り憑かれている場合、その人達の意見を聞く必要はありません。自己を過剰に責めることなく、自分の中に生きる日本人らしい道徳心に誇りを持って生きていきましょう。そのうえで、政治や社会に関して変えるべきところについては、毅然とした態度で冷静に意見を言っていきましょう。

私は平成三十一年四月の統一地方選挙の選挙公報に、「『正直者が馬鹿を見る』。そんな社会は許せない。それが私の原点です。大きな声より、私はサイレントマジョリティーを大切にしたい。私はブレない！」と書きました。今、日本では、一部のノイジーマイノリティー（ステルス左翼とオーバーラップする部分多々あり）に世論も政治も振り回され続けています。「当たり前に皆が思っていることは、敢えて声に出さない。明文化・ルール化しない」という日本人の道徳心を、悪用されてしまっているのです。

私は一地方議員として、地方行政の中に潜む「ノイジーマイノリティー要素」を見つけて疑問視し、問題提起をしていきます。少しでも世の中が皆にとって生きやすくなるよう、自分のできることの範囲を広げつつ、これからも動いていきます。

また、この本の原稿をほぼ書き終えた時に、安倍晋三首相の突然の辞任表明に接しました。私は自民党所属ではなく無所属の一地方議員に過ぎませんが、一国民として安倍総理による「日本を取り戻す」ための政策や、アベノミクスなどの経済政策を支持しておりました。体調が思わしくないなかで、常に日本の顔として世界と良好な関係を築き、日本の誇りを取り戻すために日々働いてくださったお姿に、感謝と敬愛の念を抱きます。同じ政治家として語るのもおこがましいですが、私も安倍総理のように「日本を取り戻す」ための提言を、今後も杉並区民の皆様をはじめ日本国民の皆様方のために行っていきたいと思います。

皆様が、日々の生活の中で前向きな気付きを数多く見つけ、自らに誇りを持ち、将来への希望を持って生きられるよう願っております。

令和二年九月

小林ゆみ

小林ゆみ（こばやし・ゆみ）
昭和63年、北海道美唄市生まれ。杉並区議会議員（無所属保守系）。平成27年の杉並区議会議員選挙において立候補者70人中8位で初当選。平成31年の同選挙においては70人中2位で再選。東京外国語大学外国語学部ロシア語専攻を卒業後、大手信託銀行（総合職）勤務のあと、予備校講師（英語・古文・現代文・小論文）を経て現職。趣味は和歌を詠むこと、ハウスダンス、子供・動物と遊ぶこと。本書が初めての著作となる。

君《きみ》が代《よ》を歌《うた》えなかった私《わたし》が、政治《せいじ》を目指《めざ》した理由《わけ》

2020年10月19日　初版発行

著　者　小林ゆみ

発行者　鈴木　隆一

発行所　ワック株式会社
東京都千代田区五番町4-5　五番町コスモビル　〒102-0076
電話　03-5226-7622
http://web-wac.co.jp/

印刷製本　大日本印刷株式会社

ISBN978-4-89831-490-6

好評既刊

「米中激突」の地政学
茂木 誠

「シーパワー対ランドパワー」「キリスト教対中国五大思想」等、米中の外交史を振り返り対立の宿命を明示。覇権国家の狭間で漂う日本が進むべき道を提示！

単行本（ソフトカバー）本体価格一五四〇円

トランプの最後通牒 墓穴を掘った習近平
藤井厳喜・坂東忠信

B-325

コロナを奇貨として「超限戦」を仕掛けてきた「習近平中国」。もはや、アメリカは本気で中国共産党を叩き潰すつもりだ。日本は、自由世界の防波堤となるための覚悟を持て！

ワックBUNKO 本体価格九〇〇円

統合幕僚長 我がリーダーの心得
河野克俊

自衛隊46年、統合幕僚長4年6カの自衛官人生、そのすべてを語る。PKO、東日本大震災、北朝鮮ミサイル、中国艦船の尖閣侵入……。その時、自衛隊トップはどう決断したか

単行本（ソフトカバー）本体価格一五〇〇円